L'HOMME
QUE VOUS AIMEZ
HAÏR

DU MÊME AUTEUR

L'Enfant juif et l'enfant ukrainien, Éditions de l'Aube.
Là où vont les cigognes, Ramsay.
Le Cadavre était trop grand, Denoël.
L'Affiche rouge, Denoël.

BENOÎT RAYSKI

L'HOMME QUE VOUS AIMEZ HAÏR

BERNARD GRASSET
PARIS

Photo de couverture :
© Mustafa Ozer/AFP

ISBN 978-2-246-77991-9

Tous droits de traduction, de reproduction et d'adaptation
réservés pour tous pays.

© *Éditions Grasset & Fasquelle, 2010.*

J'avais un ami du nom de Christian Jelen. C'était un très grand journaliste. Un jour, il décida d'aller fouiller les entrailles des cités où il découvrit, longtemps avant d'autres, la misère morale, la violence, et la haine. Il en fit des livres. Je rompis avec lui, lui reprochant, avec la meute, de verser de l'eau au moulin du Front National.

J'avais tort et il avait raison. Christian Jelen est mort. Ce livre lui est dédié.

Avant-propos

Je ne me suis jamais consolé de la mort d'Eugène Varlin.

Il fut traîné pendant des heures dans les rues escarpées de Montmartre, frappé à coups de crosse, et je le vois encore, martyr de la Commune, gravir son Golgotha. Je me souviens avoir vu chez Lissagaray que les soldats versaillais firent de « sa jeune tête méditative qui n'avait eu que des pensées fraternelles, un hachis de chair, l'œil pendant hors de l'orbite ».

Ces lignes sont empruntées à un livre[1] que j'avais écrit en 2002 et que j'avais dédié « Au camarade Adam Rayski (mon père), Juif polonais, né en Pologne le 14 août 1913 » et « Au camarade Lucas (mon fils), Juif polonais né en France le 18 août 1996 ». Les lignes qui vont suivre sont également, en grande partie, inspirées de ce livre.

---

1. *Un livre rouge*, Seuil, 2002.

Je ne me suis pas non plus consolé de la mort de Delescluze qui fut tué sur une des dernières barricades du boulevard Voltaire. Et l'assassinat de Millière, que les Versaillais obligèrent à se mettre à genoux « pour demander pardon à la société du mal qu'il lui avait fait », me fait toujours autant de peine. Tout petit j'ai, avec des cubes en bois, érigé des barricades immenses et imprenables qui auraient permis aux communards de résister à la soldatesque d'Adolphe Thiers. Puis, ayant grandi, j'ai récrit la fin de *Pour qui sonne le glas* d'Hemingway de sorte que Robert Jordan ne meure pas et que la République espagnole triomphe des franquistes.

J'ai effacé bien d'autres défaites. Avec moi Katov de *La Condition humaine* ne mourait pas brûlé dans une chaudière de locomotive et les communistes chinois terrassaient les hommes de Tchang Kaï-chek. J'ai transformé tous les Waterloo de la révolution rouge en Austerlitz. Nous étions victorieux à Berlin en 1933 face à Hitler, à Vienne lors de l'insurrection ouvrière de 1934, en Grèce pendant la guerre civile de 1945-1948 quand les Andartes, les partisans communistes, écrasaient, grâce à moi, l'armée royale...

Et puis, comme j'étais naïvement persuadé, en raison des fréquentations de mes parents, que tous les Juifs étaient communistes et polonais et que tous les communistes étaient juifs et polonais, j'ai, dans la même tendresse, fait vaincre les insurgés du ghetto de Varsovie et libéré les camps d'Auschwitz, de Treblinka, et de Majdanek… J'ai aimé *Le Chant des marais* avec la voix de ma mère qui me berçait : « O terre de détresse que nous devons sans cesse… Piocher, piocher… » J'ai aimé cette chanson plus que toutes les autres. Plus que *L'Internationale* aux paroles si mièvres (encore qu'en yiddish elle devenait presque belle). Plus que *La Varsovienne*, plus que *Le Drapeau rouge*. Dans *Le Chant des marais* il y avait tout ce que je pressentais : la tristesse, la souffrance, la mort. Je croyais – et je crois toujours – que le drapeau rouge ne pouvait être qu'un linceul pour ceux qui le brandissaient. Ce Saint Suaire saigne encore du sang de centaines de milliers d'hommes et de femmes qui allèrent, généreux et dévoués, au supplice pour qu'advienne un jour la parousie merveilleuse des lendemains qui chantent. Ils se vivaient en semeurs. Pas en moissonneurs. Jamais ils ne se seraient imaginés au pouvoir.

Leur religion était, comme ce fut le cas pour la chrétienté naissante, celle des catacombes. Si on avait dit aux martyrs révolutionnaires qu'un jour on massacrerait au nom de leur foi ils auraient aussitôt abjuré. Leur révolution était, et aurait dû rester, un royaume des morts. Là gisaient les corps des communistes assassinés, y compris ceux tués par le communisme au pouvoir, autrement plus nombreux que les victimes de l'impérialisme, du fascisme et du nazisme. Leur royaume n'était pas de ce monde.

Mon père écrivit un jour que le communisme « s'était arrogé l'exclusivité du bonheur et avait fini par détenir le quasi-monopole mondial du malheur »[1]. Et il avait rajouté une pelletée de terre bien trop lourde pour moi en se rangeant parmi « les complices, directs ou indirects, de crimes et de mensonges ». Dans une préface que j'écrivis pour une nouvelle édition de son livre je lui en fis amèrement le reproche. *Pouvait-il, comme dans un faire-part de décès, annoncer la perte de ses illusions sans toucher aux miennes et sans abîmer la couleur de souvenirs que la nostalgie de l'enfance et de l'adolescence avaient embellie.* Mon père avait bien sûr raison. Mais je n'avais pas tort pour autant.

Rouges étaient ces vies, rouges étaient ces morts... De la même couleur prétendent être les vieux chiffons imbibés de sang que certains sont allés ramasser dans les sous-sol de la Loubianka, à Moscou, où les bourreaux staliniens

---

1. Adam Rayski, *Nos illusions perdues*, Balland.

exerçaient leur métier. Des imbéciles s'en servent comme étendards. Et sur leurs roulettes truquées c'est toujours le rouge qui sort. Une parodie grotesque. Elle ne prête pas à rire. Elle donne envie de vomir. Car ces vieux chiffons ne sont qu'un misérable cache-sexe pour une pensée haineuse qui avance en rampant dans la fange.

En effet, je ne crois pas que la haine soit autre chose qu'un appel au meurtre, même symbolique. Je ne crois pas que la haine contre Nicolas Sarkozy (il en est question dans ce livre) porte en elle les germes du renouveau d'une France asservie par le fascisme. Je ne crois pas que la haine contre l'impérialisme et le sionisme annonce le bonheur des peuples enchaînés et humiliés. Je ne crois pas que Téhéran soit devenue la capitale d'où partiraient les paroles qui accoucheraient d'une révolution libératrice. Je ne crois pas qu'Hugo Chávez, bouffon télévisuel, soit le descendant légitime de Simón Bolívar et de Pancho Villa, ou alors il serait le fruit bâtard d'accouplements contre nature.

Je ne crois pas que les zones tribales du Pakistan soient les foyers insurrectionnels d'où soufflera en tempête le vent nouveau de l'émancipation des hommes et des femmes. Je ne crois pas que Gaza soit le ghetto de Varsovie. Je ne crois pas que le 93 soit un lieu bouillonnant de créativité et de courage où se préparent, pour l'affrontement final, les combattants de l'espoir. Je ne crois pas que porter un T-shirt avec l'inscription « heureusement que je n'ai pas fait d'études ! » représente un défi salvateur contre l'ordre : cela veut juste dire « je suis un con et fier de l'être ! ». Je ne crois pas que le Coran soit le nouveau *Manifeste Communiste*.

Ceux qui croient ça, ou affectent de le croire, ne sont ni mes proches ni mes semblables. Ni mes égaux. Moi je crois ce que je crois. Je suis ce que je suis. Et je suis ce que j'étais. Eux ne sont que ce qu'ils sont devenus…

À lire avant usage

L'homme que nous aimons le plus au monde… Il y eut en 1949 un film qui portait ce titre – resté célèbre – et qui fut produit par le Parti communiste français. Le commentaire était signé Paul Eluard et à sa réalisation participaient, entre autres, Gillo Pontecorvo et Claude Sautet. L'homme que nous aimons le plus au monde c'était Staline, le père des peuples, le guide éclairé du prolétariat, le plus grand penseur de tous les temps.

L'homme que nous aimons le plus au monde ne pourrait, bien sûr, être réalisé aujourd'hui, sauf si au lieu d'un seul (Staline) on en mettait plusieurs, qui se partageraient équitablement les bienfaits d'une nouvelle frénésie amoureuse : Ahmadinejad, Chávez, Tariq Ramadan et, près de chez nous, Dominique de Villepin. Mais ce serait très, très compliqué. Il serait facile en revanche de faire un film sur l'homme que vous haïssez le plus au monde : Nicolas Sarkozy ! Le personnage est en effet typé pour jouer les méchants. Il est petit : ses adversaires sont grands. Il est laid : ses ennemis sont beaux. Il aime l'argent : ses opposants sont pauvres ou désintéressés.

Pour la supervision idéologique du film on pourrait s'adresser à Alain Badiou. Pour le scénario Joey Starr ferait l'affaire. Houria Bouteldja des Indigènes de la République serait transcendante pour la rédaction des dialogues. Quant à la réalisation, on ne voit pas à qui d'autre que François Bégaudeau elle pourrait être confiée.

Pour des raisons d'hygiène personnelle il m'a semblé impossible de prendre mon bâton de pèlerin et de réunir pour le tournage ces personnages hautement qualifiés. Je vais donc m'atteler tout seul à cette tâche. Il me reste à prévenir le lecteur que je ferai, hélas, beaucoup moins bien qu'eux.

CHAPITRE PREMIER

Où l'on découvrira de quoi[1] Nicolas Sarkozy est révélateur

Nicolas Sarkozy, autant le dire d'emblée, n'est pas une victime et encore moins un martyr. Il n'a guère de ressemblance avec la pathétique figure de saint Sébastien percé de flèches. Et il n'est même pas le Petit Chose de Daudet, houspillé sans relâche par ses camarades de classe, puis pion martyrisé par ses élèves. Il n'est donc pas question de le plaindre, vu qu'il n'est pas à plaindre. Non, ce que nous voulons montrer ici, c'est l'évidente utilité de ce président de la République que le suffrage universel nous a donné.

---

1. J'emprunte ce « de quoi » à Alain Badiou, dont le fameux *De quoi Sarkozy est-il le nom* a tant plu aux médias, toujours avides d'une formule neuve. A mon avis, le « de quoi » de M. Badiou reste très en dessous de l'hilarant « de quoi » qu'on trouvait dans les manuels militaires de la IIIe République destinés aux recrues supposées idiotes et demeurées. « De quoi sont les pieds ? » « Les pieds sont l'objet des plus grandes attentions du soldat… »

Nicolas Sarkozy est un révélateur. De la même espèce qu'un révélateur en matière photographique : un produit qui permet au cliché de devenir image, à la nuit de se transformer en jour. Un fixateur aussi. Comme le rocher du bord de mer fixe les moules. Comme le cheval porte dans sa chair les parasites. Comme le papier collant attache les mouches. Et de cela il convient de lui être reconnaissant. A cause de Sarkozy (je ne dis pas grâce à lui), les eaux les plus fétides de la liberté populacière sont sorties des égouts, révélant les bassesses cachées et les vulgarités enfouies. Il fixe la haine et celle-ci peut enfin s'épanouir au lieu de demeurer dans l'enfer des interdits moraux. Ainsi, loin des clichés, l'image apparaît, parée de tous les attributs de la vérité nue, celle qui, dépouillée de tous ses oripeaux, ne peut mentir. C'est pourquoi, vous, vous tous qui vous pressez, nombreux, devant les studios où se tourne *L'Homme que vous aimez haïr*, vous tous qui espérez qui un petit rôle, qui une place de figurant, vous pouvez enfin vous voir et être à même de juger si vous correspondez aux critères requis pour être acceptés. En voici l'inventaire.

Vous détestez les Américains (à l'exception de Michael Moore, ce David qui a piétiné le Goliath George Bush, et du procureur de Los

Angeles, Steve Cooley, ce justicier solitaire acharné à châtier Polanski). Et vous n'aimez pas Nicolas Sarkozy.

Vous détestez les Israéliens (sauf Shlomo Sand, intrépide ethnologue qui a découvert que le peuple juif était une invention pure et simple, trouvaille hélas trop tardive pour éviter au chancelier Adolf Hitler une regrettable erreur de casting dont ont été victimes 6 millions de gens qui n'existaient pas). Et vous détestez Nicolas Sarkozy.

Vous haïssez les riches, les ploutocrates, les colonisateurs (colonisateur un jour, colonisateur toujours…), les esclavagistes (forcément blancs), les banquiers, les traders et l'Occident (nécessairement arrogant et dominateur). Et vous haïssez Nicolas Sarkozy.

Vous n'aimez pas les marchés, la conférence de Davos, le G8 et les maîtres cachés du monde (vous savez qui c'est, mais on vous interdit de le dire). Et vous en avez après Nicolas Sarkozy.

Vous rejetez toutes les religions. Oui, toutes les religions ! Ce qui vous permet de ne pas nommer la seule d'entre elles au nom de laquelle on tue, on torture et on lapide aujourd'hui. Et, bien sûr, vous rejetez Nicolas Sarkozy.

Vous maudissez les infirmières. Non, non, pas les nôtres, courageuses, méritantes et exploitées. Les infirmières bulgares, des femmes sans scrupules et sans aucun fair-play qui, une fois libérées (grâce à Sarkozy et à sa Cécilia, preuve irréfutable de leur culpabilité) par Kadhafi, n'ont rien trouvé de mieux que de se répandre en calomnies sur les viols et les tortures qu'elles auraient subis dans les prisons libyennes. Et vous maudissez Nicolas Sarkozy.

Vous n'avez que dégoût pour le pétrole qui pollue, qui pue et qui enrichit les compagnies multinationales. Il est vrai cependant que vous faites un tri sélectif et écologique concernant l'or noir : vous considérez que celui qui coule à flots en Iran et au Venezuela est exempt de tout péché originel, car sa nature profonde est pure, révolutionnaire et anti-impérialiste. Et vous n'avez que dégoût pour Nicolas Sarkozy.

Vous méprisez les potentats africains manipulés par l'Occident, Total, Bouygues et Bolloré, les présidents corrompus de la Françafrique, à la solde des intérêts du capitalisme hexagonal. Mais ça ne vaut pas pour Mugabe, dictateur parmi tant d'autres : il a eu l'intelligence de se mettre à la solde d'Ahmadinejad. Et vous méprisez Nicolas Sarkozy.

Vous éprouvez un sentiment de répulsion – c'est instinctif chez vous – face à la police, à toutes les polices, dites-vous, et spécialement face à la police française. Celle-ci, en effet, protège les puissants, traque les jeunes, contrôle au faciès et engage des courses-poursuites dans les banlieues, poussant à la faute, c'est-à-dire à la mort, des conducteurs de voitures et de scooters, souvent volés par eux, mais qui ne méritaient pas pour autant la peine capitale. Toutes les polices ? Non. Pas celle de Téhéran qui, sévère mais juste, a fait barrage à des centaines de milliers de manifestants, instrumentalisés (pour parler comme vous) par la CIA et le Mossad. Et vous n'oubliez pas d'en vouloir à Nicolas Sarkozy.

Vous haïssez les faux intellectuels. Les intellectuels « médiatiques », presque toujours « communautaristes » (ce qui veut dire « juifs » en français normal). Les Bernard-Henri Lévy, Finkielkraut, Glucksmann, Bruckner… Ils prennent la place des « vrais » intellectuels (Badiou ? Tariq Ramadan ? et qui d'autre ?). Un *numerus clausus* devrait, à vous entendre, s'imposer. Et, désolé de me répéter mais j'entends continuer ainsi, vous haïssez Nicolas Sarkozy.

Vous détestez les délocalisations, les licenciements, les menaces sur la retraite. On peut essayer de vous dire que, grâce aux entreprises qui délocalisent et que vous vomissez, des centaines de milliers d'Africains trouvent du travail sur place, chez eux, assurément payés avec des salaires de misère (mais sur le continent africain, être salarié, c'est déjà être un privilégié). Il vaut mieux, pensez-vous, les faire venir en France, sans papiers au besoin. Il est préférable, à vos yeux, qu'ils s'entassent dans des taudis indignes et qu'ils fassent des tâches que nul autre n'accepterait. De cette façon-là, la brutalité sauvage du capitalisme s'affiche sans masque sous nos yeux, ce qui vous fait chaud au cœur. Alors que, là-bas, très loin, en Afrique, le capitalisme sauvage se voit beaucoup moins... Et vous n'oubliez pas de détester Nicolas Sarkozy.

Vous avez en horreur nombre de filles arabes ou musulmanes qui, sans relâche, « stigmatisent » (vous aimez ce mot) les terres d'Islam. L'Iranienne Shirin Ebadi, prix Nobel de la paix, l'écrivain Taslima Nasreen, qui a fui le Bangladesh pour échapper à une fatwa sans appel. Ayaan Hirsi Ali, députée hollandaise d'origine somalienne, également menacée de mort pour les mêmes raisons, et qui s'est réfugiée aux Etats-Unis (une destination totalement disqualifiante par les temps qui courent). Fadela Amara (elle siège au gouvernement), Jeannette Bougrab, présidente de la Halde (elle est UMP). Sihem Habchi, de Ni putes ni soumises. Nadia Kaci, auteur d'un livre sur le martyre des femmes de Hassi Messaoud, torturées et violées (car elles vivaient seules) par des centaines d'hommes convoqués pour l'orgie par un imam. Ce dernier, et vous le comprenez, sans, peut-être, tout à fait l'excuser, n'avait pourtant fait que mettre en pratique l'enseignement d'un autre imam, un modèle de sagesse : « Quand la viande traîne dans la rue, c'est bien normal que les chiens se jettent dessus ! » Et vous n'oubliez pas de haïr Nicolas Sarkozy.

Vous avez pareillement en horreur les fillettes afghanes, certainement scolarisées de force par les Occidentaux et, pour cela, aspergées d'acide par les résistants (lire : talibans) locaux. Vous n'aimez pas non plus la petite Fathia (j'ai changé son prénom), que je connais et que vous ne connaissez pas. Surdouée, elle était première de sa classe dans un collège public du XIIe arrondissement. Pendant des mois, ses camarades de la même origine qu'elle l'ont traitée d'« Arabe blonde ». C'était Mozart qu'on assassinait. Elle a souffert d'une dépression, qui a amené sa mère à l'inscrire dans un établissement catholique ! Je suis sûre, vous connaissant, que vous y voyez une façon indirecte et perverse de « stigmatiser » les gamins – pas bien méchants, n'est-ce pas ? – qui l'avaient surnommée « Arabe blonde ». Vous pensez certainement la même chose du comportement de Fatou, quatorze ans, Noire, musulmane et connue, elle (on en a parlé dans les journaux). Violée à maintes reprises, elle est allée, accompagnée de ses parents, porter plainte. Et ça, ça ne se fait pas ! En conséquence de quoi l'adolescente et sa famille ont été harcelées, insultées pendant des semaines par des « jeunes » de la cité où ils habitaient. Et alors ? Alors ils ont été obligés de déménager dans une autre localité, « stigmatisant » ainsi par cet exil un « quartier sensible » des Ulis. Non, vous ne les aimez pas, ces filles et ces femmes-là. Toutes des salopes ? Peut-être que nous n'allez pas jusque-là. Mais toutes des collabos, des islamophobes, des renégates anti-arabes, vendues au pouvoir répressif de l'Occident dominateur, ça c'est sûr ! A la Libération, elles seront d'ailleurs toutes tondues, sans que la question de savoir si elles seront violées avant ou après ait encore été tranchée. Et vous avez en horreur Nicolas Sarkozy.

Vous ne supportez pas les pro-israéliens qui, à tout bout de champ, vous accusent d'antisémitisme dès que vous touchez à Israël. Et là, vous vous indignez ! Comment pourriez-vous être antisémites, vous qui avez tété le lait aux mamelles de l'antifascisme, de la révolution, du communisme et du combat contre la « bête brune » ! C'est ontologiquement impossible. Vous êtes juste antisionistes. Mais il y a des failles dans votre cuirasse. Au début des années 1950, le bien-aimé camarade Staline fit exécuter nombre d'intellectuels, d'écrivains et de poètes juifs accusés de « sionisme ». Quelques années plus tard, il fit torturer à mort des professeurs de médecine de la même origine, réputés empoisonneurs (une accusation millénaire contre les Juifs) et taxés eux aussi de « sionisme ». Le Parti communiste tchécoslovaque, voyant que c'était la mode, envoya à la potence plusieurs de ses dirigeants d'origine juive, également et rituellement accusés de « sionisme ».

Le PC polonais, beaucoup moins sanguinaire, fit les choses à moitié en 1968 après que l'armée israélienne eut flanqué, lors de la guerre des Six Jours, une raclée mémorable aux armées arabes, alliées du monde communiste. Des milliers de Juifs (« sionistes » toujours, car la langue communiste était quand même délicate) furent chassés du Parti, de leur travail, des universités et de la Pologne. En mars de cette même année, Wladyslaw Gomulka prononça un discours dont j'aimerais vous faire profiter et qui pourra vous servir à l'avenir.

Il divisa les Juifs de Pologne en trois catégories. La première était fort sympathique : elle concernait « nos camarades d'origine juive », restés fidèles au Parti et à la Pologne, et « qui ont droit à toute notre estime ». La deuxième l'était un peu moins : il s'agissait de Juifs « hésitants », dont la fibre nationale et idéologique était douteuse, qui pouvaient rester « parmi nous », mais ne pouvaient prétendre à aucun poste de responsabilité. La troisième valait condamnation définitive : elle visait les Juifs qui « avaient cessé d'être vraiment polonais » et qui devaient partir pour le pays de leur cœur, à savoir Israël. Et Gomulka termina sous les applaudissements frénétiques de milliers de militants très remontés : « Les Juifs polonais ne doivent avoir qu'une seule patrie ! » Vous pensez peut-être comme lui, la « double allégeance » des Juifs français vous étant insupportable… Une seule patrie ? Certes. Mais pourquoi cette patrie devrait-elle être l'Iran, que vous aimez tant ? Et, bien sûr, vous n'oubliez pas d'en vouloir à Nicolas Sarkozy.

Vous méprisez les Belges (ce n'est pas pour rien qu'on raconte tant d'histoires sur leur idiotie congénitale !) : ils ont interdit la burqa. Vous avez un mépris identique à l'égard des Suisses (tous des banquiers !) : lors d'un référendum, ils ont voté contre les minarets. Vous n'avez que dédain pour les Italiens (des macaronis abrutis par la télé !) qui, non contents d'avoir réélu l'affreux Berlusconi, entravent partout où ils le peuvent le libre exercice du culte musulman. Et vous éprouvez les mêmes sentiments à l'égard de Nicolas Sarkozy.

Vous avez été choqués et horrifiés par *La Journée de la jupe*, où Isabelle Adjani est tombée si bas qu'elle s'est prêtée à un exercice de « stigmatisation » (impossible d'éviter ce mot qui trône au sommet de votre vocabulaire) de la jeunesse des cités, « coupable » de manifester une certaine vivacité sexuelle.

Vous détestez l'identité nationale, d'autant plus que c'est le président de la République, épaulé par ses sbires, qui a initié un débat sur ce thème. Et vous ne détestez pas certaines autres identités nationales ou religieuses, à condition qu'elles soient extra-européennes, africaines, proche-orientales, latino-américaines et surtout qu'elles s'opposent au règne du roi dollar imposé par les banquiers de Wall Street. Et vous récusez, bien sûr, toute identité à Nicolas Sarkozy.

Arrivé à ce stade de l'inventaire, il me paraît injuste de ne retenir en votre faveur (vous êtes toujours partants pour jouer dans le film?) que des critères aussi discriminants que la haine, le mépris ou le dégoût. Car vous êtes évidemment capables du meilleur, c'est-à-dire de l'amour.

Vous aimez le vent, doux et pur, qui fait tourner les éoliennes. Il console de la disparition du vent de l'Histoire, dont le souffle s'est éteint, et que les brises, certes sympathiques, venant d'Iran ou des montagnes d'Afghanistan, ne sont pas parvenues à remplacer. Mais vous n'aimez pas Nicolas Sarkozy.

Vous aimez les peuples, les peuples en lutte, les peuples révoltés (contre le FMI, contre les agences de notation, contre les banques apatrides, etc.), les peuples en colère (contre la pollution, contre l'argent roi, contre la mondialisation uniforme). Vous aimez ce pluriel, « les peuples », car il vous dispense d'en nommer un seul (même mécanique mentale que pour les religions dont je viens de parler plus haut). Car le peuple, au singulier, est pour vous une notion à géométrie variable. C'est vous, et vous seuls, qui êtes autorisés à dire qui est ou qui n'est pas le peuple. Quand le peuple d'Iran déferle dans les rues de Téhéran bravant les coups et les balles des milices islamiques et des Gardiens de la révolution, ce n'est plus le peuple. Quand le peuple colombien, au lieu de se prononcer pour un candidat vert qui avait vos faveurs, vote pour un suppôt des Yankees, ce n'est plus le peuple. Quand le peuple français se laisser berner (ça lui arrive parfois) par la droite roublarde et menteuse, ce n'est plus le peuple. Et vous continuez à ne pas aimer Nicolas Sarkozy.

Vous aimez par-dessus tout une catégorie de peuple, les peuples indigènes ou autochtones qui sont, ou étaient, les premiers occupants de terres accaparées par des envahisseurs et des colonisateurs. Les Indiens guaranis, les Sioux, les

Iroquois, les Inuits, les Papous, les Algonquins, les Bushmen, les Kanaks, les Comanches, les Nambikwaras (connus grâce à Lévi-Strauss), les Zapotèques, les Kayakos, les Kanos. Pour vous ils sont à l'espèce humaine ce que la biodiversité est à la nature. Ils doivent être protégés de la civilisation industrielle, mortelle pour leur mode de vie ancestral. Et ils ont tous en commun, ces peuples, d'avoir été colonisés et exterminés par l'Occident chrétien. Ce qui exclut de votre liste (pour laquelle j'ai d'ailleurs une certaine sympathie) nombre de peuples moins méritants ou pas conformes à votre mode d'emploi. Les Juifs, massacrés et exilés par l'occupant romain, ne sont évidemment pas de la partie. Idem pour les Assyriens, descendants d'un peuple qui fonda la civilisation mésopotamienne, sans doute la plus ancienne du monde (vous croyez vraiment que ce sont les ancêtres de Saddam Hussein qui ont bâti Babylone ?). Il est vrai que les Assyriens ont été abondamment massacrés par les Arabes d'Irak, ce qui ne colle vraiment pas. Les Coptes, ça ne va pas non plus... Eux sont pourtant là, en Egypte, depuis toujours. Et ce sont leurs ancêtres (non, non, pas les Arabes !) qui, avec l'aide d'esclaves hébreux, ont construit les pyramides.

Mais voilà, comme les Assyriens, ils sont chrétiens. Alors bon... Avec les Berbères, ce n'est guère mieux. Ils vivaient en Afrique du

Nord, cohabitant avec des tribus juives – ne pas le dire trop fort – des siècles et des siècles avant l'arrivée des guerriers de Mahomet. Mais il paraîtrait qu'ils ont été souvent manipulés par le colonisateur français, alors que les « fières tribus arabes » sont restées insoumises... Les Kurdes, dont on trouve la trace au Proche-Orient 6 000 ans avant J.-C. et à peu près 5 300 ans avant Mahomet, c'est pire encore. Ces gens-là veulent un Etat et ils se battent par tous les moyens (y compris les pires, comme dans le cas d'Öcalan) pour l'avoir. Mais il faudrait pour cela enlever à la Syrie une partie de son territoire, arracher un bout de la Turquie et détacher un bon morceau d'Irak. On ne va quand même pas dépecer des pays arabes et musulmans ! Et, je le rappelle, vous n'oubliez pas de ne pas aimer Nicolas Sarkozy.

Vous aimez le nom Lévy. Certes pas quand il est porté par un certain Bernard-Henri, votre tête de Juif (depuis l'héroïque résistance des humanitaires ottomans face aux commandos israéliens, il n'est plus convenable de dire « tête de Turc »). Mais dès lors que les prénoms qui précèdent ce nom sont ceux d'Alma et Lila, votre attendrissement est sans bornes. En effet, et sans doute pour mieux s'intégrer, ces deux jeunes filles se sont converties à l'islam et on a beaucoup parlé d'elles quand elles ont refusé d'enlever leur voile à l'entrée du lycée. Et vous n'aimez pas, bien sûr, Nicolas Sarkozy.

Vous aimez *Libération*. Sauf quand ce journal vous empêche de dire tout le mal que vous pensez de Bernard-Henri Lévy[1]. Et là vous ne manquez pas de rappeler que *Libération* appartient à David de Rothschild. Vous aimez (un peu moins) *Le Nouvel Observateur*, sauf quand cet hebdomadaire n'est pas assez virulent contre les sionistes. Et vous rappelez aussitôt que Jean Daniel, auquel vous prêtez par ailleurs tant de qualités, est de la même origine que le propriétaire de *Libération*. Et vous n'aimez pas etc., etc.

Vous aimez – la palette de vos amours est infinie et donne des tableaux de la précision d'une peinture persane – le thon rouge. Pas dans votre assiette, évidemment. Mais dans l'eau salée où il vit libre et heureux. Les thons rouges, que les pêcheurs veulent exterminer, sont en quelque sorte pour vous des

---

1. « La polémique mesquine contre BHL éclipse injustement l'intellectuel curieux et engagé. Je lis ce qui s'écrit, tous ces jours-ci, sur Bernard-Henri Lévy. J'observe l'incroyable chasse à l'homme […] le journal *Libération* n'a-t-il pas été contraint de fermer tous ses forums de discussion "accrochés" aux articles de et sur Bernard-Henri Lévy, tant ils étaient envahis de commentaires antisémites ? » Ségolène Royal, *Le Monde* du 28 février 2010.

Palestiniens de la mer. Et vous n'aimez pas Nicolas Sarkozy.

Vous aimez tout sauf Sarkozy. Tout sauf Sarkozy (TSS), c'est le nom d'un site très couru. Et il suffit d'y aller et de savoir un peu lire pour comprendre qu'il est très naturellement fascisant, violemment antisémite, frénétiquement anti-Sarkozy et ardemment anti-américain. Son langage ressemble parfois furieusement au vôtre : on y fustige les « ploutocrates apatrides » et les « maîtres cachés de Wall Street ». Vous ne trouvez pas ça gênant ? Mais quand même vous restez fidèle à votre Tout sauf Sarkozy.

Vous aimez les cases. Pas seulement africaines. Les quelques rares cases dont est doté votre cerveau. Et surtout les cases qui vous permettent de ranger les ennemis du genre humain. Les « néo-réacs », les « ultra-libéraux », les « mondialistes », les « sionistes »... Et à Nicolas Sarkozy, qui n'est pas grand, vous avez réservé une toute petite case.

Vous aimez *L'Hypothèse communiste*, formulée par Alain Badiou. Vous ne l'avez certes pas lue (c'est un peu difficile) mais on vous a assuré que c'était bien, radical et chic. Vous rêvez avec lui de la faucille et du marteau mais, dans la réalité désespérante de nos journées grises, vous avancez avec le fossile et le marteau[1]. Cette saillie est, je le reconnais, tout à fait lamentable. Du plus bas niveau de l'almanach Vermot. Mais il convient de se mettre à votre portée. Et à celle de vos rêves. Vous avez aussi un cauchemar, Nicolas Sarkozy.

Vous aimez l'égalité. Le problème avec vous (comme dans le supplice du pal, selon un célèbre écrivain homosexuel), c'est que cet amour commence bien et finit mal. On vous entend dire qu'un Arabe vaut un Juif, qui vaut un Anglais, qui vaut un Suédois, qui vaut un Angolais, qui vaut un Tchétchène, qui vaut, etc. C'est plutôt mignon. Puis vous enchaînez, toujours dans un louable souci d'égalité, sur un tapeur de tam-tam du Burkina Faso, qui vaut n'importe quel Rostropovitch ou Rubinstein. Sur les tags, art populaire et donc noble, qui valent *La Joconde*, *La Ronde de nuit* et *Le Déjeuner sur l'herbe*. Sur la transmission orale qui vaut tous les livres de toutes les bibliothèques. Sur vous, vous tous, qui me valez[2]… Et ça, c'est nettement moins mignon. Et vous n'oubliez pas Sarkozy, qui lui, ne vous vaut pas.

---

1. « Ouf » (fou), comme on dit maintenant.
2. Bien sûr que vous me valez ! Mais au départ seulement ! En effet tous les hommes naissent libres et égaux. Mais quand même, sans vouloir vous désobliger, tous ne le demeurent pas.

La haine, l'amour... C'est vous caricaturer que de vous réduire à ces deux passions. Car vous êtes aussi des êtres complexes tourmentés par le doute.

Vous ne savez plus trop quoi penser de Barack Obama. Vous l'avez acclamé, plébiscité. La France est ce pays merveilleux et étrange où l'on s'est rué vers les sondages pour savoir comment voteraient les Français s'ils étaient Américains. Et vous l'avez triomphalement élu laissant K.-O. son adversaire républicain. Impossible qu'il en fût autrement. Obama était Noir et « *Black is beautiful* ». Mais voilà que sous le Noir perce quelque chose de très dérangeant : Barack Obama est américain, de plus en plus américain. Aurait-il abusé de votre naïveté et de votre élan ? Mais – je vous fais confiance – vous allez vous reprendre et en fouillant dans l'organigramme de la Maison-Blanche vous trouverez certainement, hors tout protocole, quelques sages de Sion... Reste que cela ne doit pas être facile pour vous... Mais concernant Nicolas Sarkozy vous n'avez pas de doute.

Vous ne savez pas non plus comment vous situer par rapport à deux milliards et demi d'individus (les Chinois et les Indiens). On ne peut leur contester le statut de peuple. Mais pourquoi aucun écho clair et limpide n'est venu de cette masse humaine ? En effet, ces deux milliards et demi d'individus n'ont donné aucun signe d'un véritable engagement révolutionnaire contre l'impérialisme américain, ce qui tendrait à prouver que l'audience des antennes locales du Nouveau Parti anticapitaliste de Besancenot y est encore balbutiante. C'est très contrariant et peut même provoquer des aigreurs d'estomac. Rien de tel, heureusement, avec Nicolas Sarkozy, dont on sait ce qu'on sait.

Vous vous interrogez aussi sur la bombe atomique nord-coréenne. Certes, elle déplaît aux Américains et ça, c'est bon… Mais la Corée du Nord, pour des raisons connues d'elle seule, n'a pas dit que cette bombe servirait à rayer Israël de la carte. Ces Asiates sont d'un compliqué ! Mais avec Sarkozy tout est limpide et détestable.

Vous considérez avec une extrême circonspection l'équipe de France de football. Certes, elle est « black, blanc, beur » et ça vous adorez… Mais il ne vous a pas échappé que la plupart de ses joueurs sont nullissimes, vulgaires et arrogants. Alors ce n'est pas facile pour vous… Reste que vous pouvez vous consoler en lisant une inénarrable chronique d'un certain Bruno Roger-Petit[1]. Ce dernier, dans sa grande

---

1. LePost.fr du 18 juillet 2010.

sagesse qui n'a d'égale que son immense lucidité, a décrété que si l'équipe de France avait échoué c'est parce qu'elle était « sarkozyste »!! Rien que du bonheur... Au demeurant, vous avez la ressource de vous dire que c'est la faute de Finkielkraut, le bourreau en chef de ces joueurs – il les a traités de « génération caillera » – si fragiles, si sensibles et si délicats. Mais concernant Nicolas Sarkozy aucune circonspection n'est de mise.

Et enfin (il faut bien en finir, sinon la fatigue vous terrassera devant les portes du studio), les ratons laveurs de Prévert vous laissent perplexes. Il est vrai que vous n'avez pas lu *Inventaire*. Mais vous lisez si bien dans Nicolas Sarkozy.

CHAPITRE 2

Où l'on verra pourquoi Nicolas Sarkozy est innommable

Sarkozy, c'est pas un nom. Sarközy Nagy y Bocsa (son véritable patronyme, popularisé en son temps par Dominique de Villepin, qui connaît ses fiches de police), c'est déjà mieux. Ça sonne comme une escroquerie (non, non, pas une rhapsodie) hongroise. Comme une supercherie. Comment peut-on s'appeler comme ça ?

Comment peut-on porter un nom qui dégage l'odeur d'une affreuse mixture faite de goulash, de slivovitz et de salami ? Ça ressemble à l'Europe centrale, région improbable où les frontières se font et défont à coups de traités, de canons et de massacres. Ça fait pseudo-aristocrate, ajoutant une louche à ses soi-disant titres de noblesse (que de noms, que de noms !). Ça fait Transylvanien (nul ne sait ce que c'est). Ça situe l'origine de l'individu quelque part entre Budapest et Bucarest, en passant par Cluj, Timisoara, Szeged et Sighisoara, là où s'agitent d'étranges peuplades. Ça fait Syldave, si on a lu Tintin. Ça fait Moldo-Valaque, métèque. En quelques mots, ça fait pas vrai, ça fait violoneux tsigane et voleur de chevaux. Ça fait pas du tout recommandable... Le portrait même, tel qu'il est peint et enrichi tous les jours, du président de la République.

Reste que Nicolas Sarközy Nagy y Bocsa, c'est quand même un nom, si peu recommandable soit-il. Et il est hors de question que ce chef d'Etat-là ait un nom. Sarkozy est en effet innommable ! Pas innommable au sens où l'entend l'écrivain martiniquais Raphaël Confiant, qui, le premier, fit de ce mot une estampille novatrice. Avant lui, les Juifs étaient désignés sous les vocables de youtre, youpin, youde, etc. Il a nourri cette liste en les disant « innommables ». Confiant souffrait d'une maladie, parfois tropicalement transmissible, qui ronge le corps, le cerveau et l'âme : la haine des Juifs. Et on l'a empêché de l'exprimer : le malheureux a été la victime douloureuse d'une interdiction de dire ce qu'il avait sur le cœur. La loi oppressive et coloniale de l'Etat français l'a privé de parole (y compris en créole, car les policiers sarkozystes poussent leur traque jusqu'à connaître cette langue) concernant les Juifs, sous des prétextes aussi fallacieux que la répression des appels à la haine raciale et au meurtre. C'est pourquoi, mis dans l'impossibilité de nommer les Juifs, l'écrivain martiniquais les a décrétés « innommables ».

Sarkozy est, lui aussi, innommable. Mais pour d'autres raisons. Il n'est en effet interdit à personne de l'appeler Nicolas Sarkozy, le président de la République, le chef de l'Etat. C'est juste qu'on ne veut pas. Et que ce serait lui donner trop d'humanité. Hannah Arendt disait que l'animalisation de l'adversaire était un des signes les plus patents du totalitarisme. Du côté de chez Staline, on eut dans ce domaine une très fertile imagination. Les « ennemis du peuple » bénéficièrent ainsi de très imaginatives appellations très variées. Les « hyènes dactylographes » (pour les penseurs, genre Jean-Paul Sartre) voisinèrent avec les « vipères lubriques[1] », les « chiens couchants de l'impérialisme » et les « loups assoiffés de sang de Wall Street ». Chez Adolf Hitler, ce fut beaucoup plus pauvre, mais le chancelier du IIIe Reich avait d'autres qualités dont était dépourvu son alter ego soviétique. Au firmament de sa ménagerie trônaient, quasiment seuls, les « rats », qui désignaient les Juifs. Les Juifs étaient des « rats » parce que les rats véhiculaient des

---

1. Etant adolescent, j'ai beaucoup fantasmé sur cet adjectif, essayant d'imaginer la lubricité et les orgies sexuelles des vipères.

maladies contagieuses, dont la pire d'entre elles, la peste.

Ce qui arrive à Nicolas Sarkozy reste très en deçà de ces excellents exemples. Pas d'animalisation. Sauf une exception : Alain Badiou qui l'a qualifié d'« homme aux rats ». Il est assez singulier que le plus connu des philosophes proclamés marxistes ait utilisé cette référence qui fleure bon le nazisme, alors qu'on se serait attendu à trouver logiquement chez lui les « vipères », les « hyènes » et les « loups ». Ne pouvant me résoudre à suspecter M. Badiou de se référer, même inconsciemment, au bestiaire nazi, j'ai longtemps cherché une issue à cette pénible interrogation. Et, eurêka !, j'ai trouvé chez Mao Tsé-toung, dont le philosophe connaît par cœur *Le Petit Livre rouge*, la phrase suivante : « L'impérialisme est un rat qui traverse la rue en courant. » Ouf...

Pour Sarkozy donc – j'y reviens –, pas vraiment d'animalisation. Simplement on le dépouille de son nom, de sa fonction et de son identité. Le nommer serait faire de lui un être humain avec ses défauts, mais aussi, et c'est interdit, ses qualités. Le désigner par sa fonction lui accorderait un statut électif, alors qu'il n'est, à l'évidence, qu'un usurpateur, un menteur et un escroc. Le critiquer le transformerait en homme politique critiquable et il est supposé n'être rien. Zéro, un accident de la nature. Et c'est pourquoi d'autres noms, des insultes, seront tatoués à jamais sur son corps.

Il est le Nabot. Il est Naboléon. Il est M. Talonnette. Il est Tsarkozy. Il est Zébulon Ier. Il est le Nain. Il est – l'imagination est au pouvoir – le Nain hydrocéphale, le Nain dégénéré, Nescabot… Il est aussi, à chacun sa trouvaille, Karpozy. Une appellation d'origine contrôlée. Très, très rare et donc de la plus belle eau. Elle s'inspire étroitement du sarcome de Kaposi, du nom du médecin hongrois qui, à la fin du XIXe siècle, diagnostiqua cette maladie de la peau assez repoussante. Il paraîtrait, en tout cas cela s'est écrit, qu'elle était surtout répandue chez les Juifs ashkénazes ! Aujourd'hui, liée au sida, elle sévit de façon endémique sur le continent africain… Il n'est donc pas interdit à certains d'entre vous, et notamment à ceux qui écrivent Karpozy, de penser que ce sont les juifs, etc. Karpozy ! Seuls des esprits d'élite, férus de science médicale et raciale, ont pu se hisser à ce niveau d'excellence. Avec d'autres noms, ça se dit, ça se répète, ça figure sur les sites de certains médias. Mediapart, Agoravox, LePost, mais aussi sur les sites de journaux comme *Libération*. Bien sûr, les journalistes ne l'écrivent pas. Mais pour autant ils ne censurent pas leurs lecteurs, même quand ces derniers ont la bave aux lèvres. La liberté de cracher est sacrée et, au demeurant, on tient à ses lecteurs : ils payent pour acheter un journal ! Avec des lecteurs comme ceux-là, moi, je serais tenté de changer de métier... Privé ainsi de son nom et ramené à sa disgrâce physique, Sarkozy est chosifié. Et une chose, ça se piétine, ça va à la poubelle. Jamais, dans l'histoire récente, celle de la Ve République, un homme n'a été aussi grassement insulté. Et pour retrouver les fondements originels de ces attaques sur le physique d'un adversaire, il faut se tourner vers la plus abjecte des traditions de l'extrême droite française.

Pour cette dernière, la dénonciation, fût-elle virulente, d'un ennemi politique n'était pas suffisante : il fallait que l'ennemi soit laid, repoussant, maladif. Sur Léon Blum, il s'écrivait ceci dans les années 1930 : « Grand, maigre, voûté [...], le nez busqué et les pommettes de sa race » (Louis de Launay). Henri Béraud l'appelle « le dromadaire », et Maurras, dans la même veine, dit de lui « le chameau » ou « la chamelle ». Plus près de nous, un jeune député du nom de Jean-Marie Le Pen évoquait en 1958 la répugnance que lui inspirait Pierre Mendès France[1]. Et cinquante ans

---

1. Le 11 février 1958, à l'Assemblée nationale, il l'apostrophait ainsi : « Vous n'ignorez pas que vous cristallisez sur votre personnage un certain nombre de répulsions patriotiques et presque physiques. »

plus tard, en 2007, lors de la campagne présidentielle, le même Jean-Marie Le Pen, n'ayant manifestement rien perdu de sa fougue juvénile, expliquait sur un ton patelin que la décence et la pudeur auraient dû interdire au candidat de l'UMP de concourir à la plus haute fonction de l'Etat.

En effet, le chef du Front National disposait d'éléments imparables sur les origines compromettantes de Nicolas Sarkozy : trois grands-parents d'origine étrangère, hongroise, roumaine, grecque[1] ! Et pour que l'essentiel ne soit pas omis, pour que ne soit pas passée sous silence la tare originelle du métèque Sarkozy, Le Pen ajoutait un point de détail de première importance : la mère du candidat à la présidence de la République était une Juive grecque de Salonique[2]. C'était à hurler. On ne hurla point. La presse rapporta (comme les chiens rapportent, comme les rapporteurs rapportent…) ces déclarations malodorantes avec une neutralité et une placidité accablantes. Le monde politique resta de marbre. L'UMP en resta au service minimum pour des raisons évidentes : elle

---

[1]. Le 15 avril 2007 dans *Le Parisien*.

[2]. *Maariv* cité par *Le Monde* le 19 avril 2007. Dans cette interview donnée à un journal israélien Le Pen précisait – soyons juste – qu'il avait beaucoup d'amis juifs ! Ben voyons…

entendait bien récupérer quelques voix à sa droite et elle se serait tiré une balle dans le pied en alimentant un débat sur les ascendances étrangères de son héraut. La gauche fit également silence : condamner les ignominies de Le Pen aurait, pensa-t-elle, donné l'impression qu'elle volait au secours de celui qu'elle voulait battre. Rien que de très banal en somme.

Mais vous, vous, on aurait dû vous entendre. Vous qui êtes si prompts à vous mobiliser contre la peste brune ! Vous qui vous proclamez les champions de l'antiracisme et de l'antifascisme et de la lutte contre le FN (le F-Haine, dites-vous) ! Vous qui manifestez en nombre dès que, chez les Frontistes et les Identitaires, se font jour des velléités d'apéro géant « saucisson et pinard » à la sortie des mosquées ! Vous auriez pu défendre Sarkozy le métèque comme s'il n'était pas de droite. Vous auriez pu combattre Sarkozy l'homme de droite comme s'il n'était pas métèque… Eh bien, vous ne l'avez pas fait. Trop sophistiqué pour votre omelette révolutionnaire qui nécessite qu'on casse des œufs. Trop dur aussi de tempérer la haine que vous portez au Nabot. Et surtout vous aviez fait de Sarkozy un nouvel Hitler : comment pouviez-vous réattribuer ce rôle à Jean-Marie Le Pen ?

Je n'ignore pas, le chef du Front National ne s'étant pas privé de le marteler, que c'est

Sarkozy lui-même qui a mis en musique ses singularités. Il a, en effet, battant campagne pour se faire élire, valorisé son altérité pour damer le pion à une concurrente, tellement banalement française que je m'étonne encore de ne pas l'avoir vue poser sur ses affiches avec une église en toile de fond comme le fit, avec succès, Mitterrand du temps de la Force tranquille. Pour renverser les quilles du jeu politique ronronnant Sarkozy n'hésita pas à proclamer qu'il était d'ailleurs, atypique, fils d'immigrés… C'était son droit ! Ce droit n'est pas accordé à Le Pen et à d'autres. Quand mon fils essaye de me faire les poches pour s'acheter un jeu vidéo je lui dis souvent qu'il a les doigts crochus de sa race maudite ! Nous rions tous les deux. C'est notre droit. Pas celui des antisémites. Une devinette fait fureur en banlieue. « Mamadou et Mohammed sont en voiture. Qui conduit ? » Réponse : « La police ! » Quand c'est dans la bouche de Noirs et d'Arabes on y entend une sympathique tendresse moqueuse. Quand c'est dit par un raciste…

Il me faut ici revenir encore en arrière, dans le temps, pour trouver dans le champ où poussent les fleurs de l'insulte les plus vénéneuses et les plus affreuses d'entre elles. « Mandel est hideux… Malheur aux femmes enceintes qui le voient ! » (Pierre Dominique dans *Monsieur le*

Parlement, Editions Baudinière, 1928). Georges Mandel (de son vrai nom Rothschild, abandonné par lui car ça faisait trop riche) était un homme d'Etat important de la IIIe République. Certes, moins connu que Blum et Mendès France. Républicain, patriote et proche de Clemenceau, il fut haï par ses adversaires et assassiné en 1944 par la Milice de Vichy. Au conseil général de la Gironde, un élu, un certain Jacques Chaigne, s'adresse à lui en ces termes : « Vous êtes une curiosité physiologique ! » Un journal local, *Les Girondins*, le peint en ces termes : « Essaierais-je de décrire monsieur Mandel ? J'hésite. Le décrire, c'est presque l'injurier. Et puis ce long corps, incroyablement maigre, cette surprenante figure, ce nez, ce crâne peigné, ces genoux osseux, ces bras trop longs... Si je vous montre, vous m'accuserez de caricaturer. Laissons cela. Ce n'est pas la faute de monsieur Mandel si une nature acariâtre lui a refusé le visage de tout le monde. » C'est pas envoyé, ça ?

J'ai trouvé toutes ces citations dans le livre *Georges Mandel, Le moine de la politique*[1]. Et devinez qui est son auteur ? Vous ne voyez pas ? Vous ne trouvez pas ? Le Nabot, le Nain hydrocéphale ! Oui, j'ai nommé Nicolas Sarkozy ! Oui, celui que vous appelez parfois Pétain II a fait un

---

1. Grasset, 1994.

livre sur une des victimes les plus emblématiques de Pétain ! Les bras vous en tombent. Votre cerveau est proche de l'implosion. Votre raison vacille. Au secours ! Le très laid Nicolas Sarkozy a-t-il été fasciné par la laideur de Mandel ? A-t-il vu en lui le Juif, l'homme de droite, le républicain ? A-t-il éprouvé une morbide attirance pour la fin tragique de Mandel ?

C'est pour vous trop simple et trop complexe à la fois. Et, petit à petit, une hypothèse rassurante vous vient à l'esprit et vous soulage d'un poids insupportable. Nicolas Sarkozy, retors, sournois et vichyssois dans l'âme, s'est intéressé à Mandel pour donner le change. Pour en faire son bouclier de vertu. Pour – il n'en est pas à une escroquerie près – se prévaloir de Mandel assassiné quand il serait accusé d'être un Pétain II. Sarkozy a publié ce livre en 1994. Treize ans avant d'être élu président de la République. Il voyait loin le bougre !

Il n'en reste pas moins que parfois je vous envie. Non pas que je souhaite être dans votre peau. Jamais, au grand jamais : à ce degré de bêtise, et seule la vôtre peut approcher la définition de l'infini, toute collusion avec vous est impossible... Mais taper sur Sarkozy, sur la droite fascisante, sur l'UMP, sur les riches, sur les banquiers, les Rolex et le Fouquet's, c'est tellement reposant. Il n'y a pas en effet d'exercice plus délicieux et plus stimulant que celui-ci. Oh oui, que c'est bon d'écrabouiller les bedaines gonflées des capitalistes aux gros cigares. Que c'est jouissif de dénoncer les pères-la-pudeur, les grenouilles de bénitier et les piliers de sacristie. Que c'est appétissant de bouffer du curé, du fasciste, du nazi ou du colonel d'extrême droite. Que c'est régénérant de hurler contre les flics brutaux et assassins, contre les beaufs et les légions réactionnaires qui bâillonnent le pauvre peuple.

Oui, cogner de la sorte contre Sarkozy et ses sbires, c'est vital, aussi nécessaire à l'organisme que les omégas, les fruits, les fibres, les légumes verts et le jogging. Omettre de le faire, c'est courir le risque de s'avachir ou, horreur, de prendre du ventre ! C'est dire dans quel grand danger j'étais d'avoir oublié pendant si longtemps de sacrifier à cette gymnastique salutaire. Certes, je pouvais, pour ma défense, invoquer quelques circonstances atténuantes. En effet, le punching-ball réactionnaire et raciste se faisait extrêmement rare dans nos provinces. J'avais beau forcer mon imagination, je ne suis pas parvenu – contrairement à vous – à voir Sarkozy en Pétain, Hortefeux en Darnand et Besson en Doriot. C'était assez désespérant. Mais qu'y pouvais-je ? Et cela faisait quelques années que je me lamentais ainsi. Mais un jour une nouvelle d'une fabuleuse importance vint m'apporter un peu d'oxygène.

C'était titré : « Controverse en Pologne. Les Télétubbies sont-ils vraiment hétéros ? » Et je sentis aussitôt – mes intuitions s'agissant de la Pologne ne me trompent jamais – que le bonheur était là, tout près, à quelques heures d'avion. Pour ceux, nombreux, qui ne s'intéressent pas à ce lointain pays, un éclairage s'impose. La Pologne était alors dirigée par deux frères, les jumeaux Kaczynski, l'un étant président, l'autre, Premier ministre. Deux catholiques traditionalistes qui, rapportés à l'échiquier français, se situeraient nettement à droite de Philippe de Villiers. La Pologne est un sympathique Etat de tradition antisémite où l'on dévisage les Juifs (on les connaît et on les reconnaît) sans pour autant leur demander sans cesse (ce qui n'est pas votre cas) combien d'enfants palestiniens ils ont tués à Gaza. La Pologne se distingue aussi, du côté de sa droite la plus extrême, par une farouche détestation des homosexuels. Sur la très, très catholique radio Maryja, une des plus écoutées du pays, on a pu entendre la blague suivante. « T'as vu, y a des associations gay américaines qui ont protesté quand on a viré Moïse Blumenfeld de l'université de Varsovie ! – Mais non, c'étaient pas des associations gay, mais des associations juives ! – Ah bon, ce n'est pas la même chose ? »

Pour en revenir à l'essentiel, c'est-à-dire aux Télétubbies, la grave question qui agitait les cercles du pouvoir polonais de l'époque était de savoir si ces créatures familières de nos écrans étaient asexuées, voire équivoques, suffisamment équivoques pour inciter les chères têtes blondes de Varsovie à l'homosexualité. En accusé principal : Tinky Winky, coupable d'être de couleur violette (celle des homos, paraît-il) et de se promener avec un sac à main, accessoire typiquement féminin. C'est Mme Ewa Sowinska, médiatrice nationale pour le droit des enfants, qui sonna la charge. Ultra-catholique, elle s'était déjà distinguée par une proposition de loi, très éclairante, exigeant que certaines professions, notamment celles de l'Education nationale, soient interdites aux homosexuels. Forte de ses convictions et de sa fonction, elle avait annoncé qu'elle convoquerait une commission d'enquête chargée de déterminer si Tinky Winky, Po, Laa-Laa et Dipsy étaient bien du genre à pratiquer des horreurs sodomites. C'est alors qu'un gigantesque éclat de rire secoua la Pologne. Il y a là-bas, bien sûr, des millions de gens qui savent lire, penser et que le crétinisme traditionaliste révulse. Et Mme Sowinska rendit les armes. Après avoir consulté, déclara-t-elle, un sexologue qui s'était porté garant de l'hétérosexualité des Télétubbies…

Voilà. Je sais qu'il n'y avait pas là de quoi casser trois pattes à un canard. Mais à défaut de Sarkozy, Hortefeux et Besson qui vous appartiennent, j'ai trouvé que c'était bon à prendre. Même si c'est une solution de facilité que de cogner sur les personnages grotesques qu'on trouve sur les bords de la Vistule. C'est pourquoi j'ai envisagé de m'installer à Varsovie pour des raisons de santé. Depuis, un des deux Kaczynski – le président – est mort. Restait son frère jumeau sur qui reposaient tous mes espoirs. Il était candidat à la dernière élection présidentielle. Hélas pour moi, et heureusement pour la Pologne, il a été battu. Je n'irai pas à Varsovie. Et, c'est assez triste pour moi, je vais être obligé de rester avec vous…

CHAPITRE 3

**Où l'on verra que la famille de Sarkozy
ne vaut guère mieux que lui**

Face à la sombre et inquiétante forêt germanique, les légions romaines étaient alignées en silence. Elles attendaient les Barbares. Des mouvements firent tressaillir l'épaisseur feuillue. Et la horde sauvage apparut. Des hommes hirsutes aux visages effrayants. Ils brandissaient des haches, des gourdins, des massues. Et surtout ils criaient, criaient, criaient de plus en plus fort. Pas des mots. Juste des hurlements. Pour faire peur à l'ennemi. Pour se donner du courage. Pas un bruit ne s'éleva des rangs des légions romaines. Elles restaient silencieuses. Cette scène est une des plus belles du film *Gladiator*.

Ce soir-là, le 11 septembre 2008, les légions romaines ne furent pas au rendez-vous. Une foule bruyante, et passablement excitée, s'entassait au stade de Paris-Bercy pour assister à un concert de NTM, Nique ta mère, pour le nommer en entier, le groupe de rap le plus célèbre de l'Hexagone. Il est animé par Joey Starr, un rappeur qui partage sa vie entre les prisons (où il effectue des séjours pour violences) et la scène. Sans qu'on sache exactement si les brutalités qui lui valent condamnation sont chez lui instinctives ou si elles relèvent d'un plan média savamment concocté pour le rapprocher de son public.

Avec lui sur scène il y avait Kool Shen et un troisième comparse (je ne suis pas obligé d'écrire « artiste ») du nom de Papa Lu. Et, avant de commencer, ils chauffaient la salle, qui n'en avait pourtant pas besoin. La foule criait, criait. Et l'un des trois (je ne sais lequel, et peu importe, car les images vidéo étaient de mauvaise qualité) lança : « Je suis arrivé en retard… parce que… vous savez quoi ? J'ai croisé Carla Bruni… et peut-être même qu'elle est dans la salle. » Et à ce moment-là les cris devinrent hurlements. La salle, très remontée contre cette « face de craie[1] », frôlait le nirvana. L'extase hurlante n'allait pas tarder. Vomi d'un des micros, on entendit « tasspé » (« pétasse » en

---

1. Expression utilisée par les admirateurs de NTM pour désigner ceux qui ne sont pas de la même couleur qu'eux. Je préfère les « visages pâles » des Peaux-Rouges. Une question de génération sans doute.

français), un « tasspé » historique, à inscrire pour toujours dans le livre des records de la courtoisie banlieusarde. Alors la salle comme un seul corps se mit à vibrer, à hurler encore plus fort, comme possédée par une énergie venue d'un autre âge. La fête, quoi… Qui n'a pas vu ces images, ni entendu ces sons, ne saura jamais de quelle nature sont les sommets extatiques d'une liturgie sauvage. Mais je crois pour ma part que la plupart des participants à cette sublime cérémonie ne pensaient pas à mal : toute leur culture leur dit qu'il n'y a rien à respecter chez une meuf qui dort dans le même lit que Sarkozy et qui mérite les « teubis » (je ne traduis pas) du plus grand nombre.

Un texte de George Steiner dit assez bien ce qu'on est en droit de penser des bruits entendus ce soir-là à Bercy.

Hitler entendit à l'intérieur de sa langue natale l'hystérie latente, la confusion, la qualité de la transe hypnotique. Il plongea avec sûreté dans le sous-bois du langage, dans les zones de l'obscurité et du cri qui sont la première enfance du discours articulé et qui surgissent avant que les mots aient acquis leur mélodie et leur charge de sens sous le toucher de l'esprit.

Il pressentit dans l'allemand une autre musique que celle de Goethe, Heine et Mann : la cadence d'une râpe, moitié jargon vague moitié obscénité. Et au lieu de s'en détourner, écœuré et incrédule, le peuple allemand rendit un écho massif aux vociférations de cet homme. Cela s'est mis en retour à vociférer dans un million de voix et à retentir dans un million de bottes[1].

A propos de NTM, de ces hurlements, de ces bruits, il convient de noter que l'analphabétisme n'est pas que l'analphabétisme. Il est aussi l'antichambre, la condition nécessaire de l'existence de l'analphabétisme moral. Quand les mots n'ont plus de sens, quand ils ne sont plus que des borborygmes primitifs, plus rien n'a de sens : ni la vie, ni la mort, ni l'amour, ni l'intelligence. La vie peut s'ôter dans le même souffle qu'on éructe. La mort peut se donner aussi aisément qu'on hurle. L'amour n'est plus considéré que comme un ramollissement femelle de l'instinct premier qui commande de vociférer comme font les Barbares. Pareillement, l'intelligence sera piétinée et assassinée car elle pourra contrarier la brute, heureuse d'être une brute. Ainsi, tout se vaut et rien ne vaut. Tout est pareil. Tel n'est pas mon avis. Par exemple je considère que la production de Joey Starr est à la chanson ce que les graffitis de chiottes sont à la poésie.

---

1. George Steiner, « Dégradation de la langue allemande », *Esprit*, 1962.

J'ai visionné les images de ce mémorable concert de NTM un 8 mars. La Journée internationale de la femme. Et dans la foulée, je suis allé lire deux ou trois choses sur leur condition actuelle dans certaines régions du monde. Et sur un site parfaitement respectable et authentifié[1], reconnu par les Nations unies et le ministère français des Affaires étrangères, j'ai trouvé quelques éléments d'information tout à fait intéressants. Il y était question de la République démocratique du Congo. Un Etat africain saigné, comme d'autres du même continent, par des guerres civiles et des massacres interethniques. Le rapport sur le destin des femmes dans ce pays avait été établi à l'occasion du forum d'AWID (Association for Women in Development), à Bangkok en octobre 2005.

On pouvait y lire que, depuis 1996, en RDC, un million de femmes (1 000 000 !) avaient été violées dans des circonstances d'une inimaginable sauvagerie. Des femmes de tous âges, mais aussi des filles, des très jeunes filles, des fillettes, des enfants... D'une inimaginable sauvagerie car on avait aussi violé au couteau, au revolver et avec des tiges de bambou. Et il était ajouté que quatre-vingts pour cent (80 %) de ce million de femmes avaient contracté le virus du

---

[1]. Genreenaction.net

sida. Un témoignage d'une victime accompagnait ces chiffres. Le voici :

« C'était un samedi matin, je me suis réveillée comme à la normale. Je suis allée prendre du bois derrière la maison et, de là, j'ai entendu une voix en swahili qui m'a interpellée en disant : "Femme ! Arrête-toi." Je me suis arrêtée et j'ai vu un groupe de soldats habillés en tenue de combat, ils étaient plus d'une dizaine, ils ont commencé à avancer vers moi, j'ai commencé à trembler car, au fond de moi, je me suis dit : "Voilà, aujourd'hui c'est mon tour." Saisi de peur, mon corps devenait lourd comme une pierre. Ils m'ont demandé qui était dans la maison, j'ai répondu que toute ma famille était à l'intérieur de la maison. Celui qui avait l'air d'être le commandant m'a demandé d'aller avec eux à l'intérieur de la maison, et là, mon mari, mon beau-père, mon fils et mes deux filles s'y trouvaient. Ils m'ont ordonné de me coucher par terre et exigé que mon fils me fasse l'amour, sinon j'allais être tuée. Mon beau-père, surpris et choqué par cette parole barbare, répondit "non", et on lui répliqua par un coup de crosse de fusil à la tête. Après, on l'obligea à son tour à coucher avec ma fille aînée bien-aimée, il répliqua forcément "non !" et il a été abattu sur-le-champ ! A mon mari il fut ordonné de coucher avec ma fille et il refusa, mon fils qui refusa aussi de coucher avec moi fut mis au coin du mur, alors leur commandant ordonna à tous les autres militaires de se mettre en file, mon mari fut couché par terre pour servir de matelas. Les quinze militaires passèrent sur moi à tour de rôle et je fus laissée pour morte une fois cette horreur terminée. A la fin, mon mari et mon fils furent tués l'un après l'autre, et mes filles furent violées à leur tour.

Faible à mourir, le commandant ordonna que je sois transportée. Et nous sommes alors partis très loin dans la forêt, où j'ai servi de femme esclave et de bonne à tout faire. Après un temps, que je peux imaginer de 2 à 3 mois, j'ai réussi à m'enfuir avec un tissu en pagne pour cacher ma nudité qui ne me servait plus à rien car toute ma dignité de femme était déjà finie. Je me suis retrouvée dans un petit village près de l'Ituri après avoir bravé pluie, soleil, froid, serpents, moustiques, maux de tête, etc. Je me suis retrouvée à Kinshasa où, quelques jours après, j'ai été prise en charge par l'hôpital général. »

Là je sais que vous êtes très en colère : qu'est-ce que ce texte fait ici ? Quel rapport avec Carla Bruni, Sarkozy, Joey Starr ? Tout d'abord il est là parce qu'il est bon de sortir de la monotonie. De ce qui est toujours dénoncé, vilipendé et amplifié. Les abominations d'Abou Ghraib, les horreurs de

Gaza, les monstruosités de Guantanamo, l'horrible discours de Sarkozy à Dakar («l'homme africain n'est pas encore entré dans l'Histoire»...).
Il est là parce qu'en 2003 il n'y eut dans les journaux qu'une brève pour signaler une déclaration solennelle des évêques africains lors d'un pèlerinage à Gorée : les prélats avaient exhorté leurs fidèles à demander pardon pour les crimes de leurs ancêtres «qui ont vendu leurs frères pour un voyage sans retour vers les Amériques». Les acheteurs, Blancs, étaient à l'évidence des salauds : les vendeurs, Noirs, l'étaient-ils moins? Ce texte est là, parce que Nicolas Sarkozy s'est fait agonir d'injures pour son discours de Dakar, jugé méprisant et raciste, et qu'il m'a paru utile de montrer de quelle manière certains hommes africains entraient aujourd'hui dans l'Histoire.

Ce texte est là parce que nul n'a relevé une historique déclaration d'Obama, parlant devant la principale organisation noire américaine. Les étudiants noirs sont «à la traîne» de leurs condisciples blancs ! Et aussi : «Vous devez enseigner à vos enfants qu'ils doivent apprendre, travailler et ne pas avoir comme seule ambition de devenir basketteurs ou rappeurs»! Et pour entendre la même chose en France (le football remplaçant bien sûr le basket), je vais sans doute devoir attendre que Rama Yade devienne présidente de la République et Malek Boutih son Premier ministre… Parce que je suis las d'entendre que les guerres africaines, les massacres africains, les viols africains sont le résultat des « manipulations occidentales » qui « tirent les ficelles » de pauvres pantins naïfs et innocents. Parce que je ne connais rien de plus raciste et de plus puant que ces incantations qui transforment les acteurs de tragédies africaines en grands enfants, juste capables de crier : « Y a bon tuer ! » Parce que, pour me référer aux récits des viols en RDC, j'ai du mal à imaginer que des instructeurs de multinationales aient entraîné les combattants congolais à l'usage sexuel du couteau, du revolver et de la tige de bambou…

J'ai aussi regardé le même jour, le 8 mars, des photos de robustes soldats congolais et j'ai trouvé qu'entre eux et certains que le « tasspé » du spectacle de NTM avait mis en transe il y avait comme un petit air de famille. Comme la vulgarité et la haine, quel que soit leur degré, ressemblent à la vulgarité et à la haine. Comme une allumette enflammée ressemble à un bûcher : les flammes n'ont pas du tout la même dimension mais c'est quand même du feu. Pour éviter tout malentendu, et tout procès d'intention, je m'empresse de dire que, plus jeune, je pouvais passer – physiquement parlant – pour n'importe quel parachutiste ou tankiste israélien.

Aujourd'hui, hélas, je pourrais faire au mieux agent du Mossad.

En voilà peut-être assez autour du cas de Carla Bruni, dont le destin (encore un mot sur elle) a pris un tour bien plus pathétique que celui de son époux. Il y a quelques années encore, elle était jolie, chantait de si belles chansons et posait pour les magazines qui se disputaient son image. Aujourd'hui, et sans doute pour longtemps, elle est devenue laide, ses chansons sont nulles et sa silhouette la fait ressembler à un thon[1]. Pour longtemps, à moins qu'un opportun divorce vienne enfin la purifier. Tout cela à cause d'un alchimiste pervers qui, on ne sait par quel sortilège, l'a mise dans son lit du palais de l'Elysée et a ainsi transformé l'or en vil plomb.

Voyons le reste de cette intéressante famille et de quoi elle est faite. Il y a le père, Pàl Sarközy Nagy y Bocsa. Ce monsieur est peintre et il expose à Madrid (ça va encore), à Budapest (c'est banal, il est hongrois), mais aussi à Paris (et ça c'est un scandale). Pour ce que j'ai pu voir de ses œuvres, M. Sarkozy père est un très, très mauvais peintre. Un avis unanimement par-

---

[1]. J'ai relevé que Woody Allen l'a trouvée suffisamment à son goût pour la faire tourner dans son prochain film. Mais vous l'avez regardé ? Il a un grand nez, les oreilles décollées, il est petit, laid. Presque aussi laid que Nicolas Sarkozy. Et puis il semblerait qu'il ne soit pas très net sur l'entité sioniste.

tagé par tous ceux qui ont consacré des centaines d'articles dans les journaux et des heures d'antenne à la radio et à la télé pour démontrer qu'il était nul. Que de place et que de temps accordés à un Pàl Sarközy Nagy y Bocsa dont les tableaux, de l'avis général, ne valent rien. Il se trouve que ce peintre a un fils qui s'appelle Nicolas Sarkozy et que la laideur des croûtes exposées a certainement et congénitalement déteint sur un président de la République tant détesté.

Pàl Sarközy Nagy y Bocsa a par ailleurs, et c'est sûr, un passé pour le moins trouble. C'est sûr car c'est un journal anglais, le *Daily Mail*, un tabloïd de bas niveau qui tire à plusieurs millions d'exemplaires, qui l'a dit. S'il l'a dit, c'est que c'est vrai ! Certes, le journal en question est ultraconservateur, très marqué à droite et donc très logiquement détestable pour tous ceux qui détestent le chef de l'Etat. Mais comme il disait du mal de Sarkozy, on n'allait pas se montrer difficile. Et l'« information » allait faire le tour de France. L'« information » insinuait en substance que le père de Sarkozy avait fui la Hongrie en 1945 à l'arrivée des Soviétiques et que, sous le régime fasciste de l'amiral Horthy, puis sous celui, pro-nazi, des Croix fléchées, il ne lui était strictement rien arrivé de mal ! En conséquence de quoi on pouvait peut-être se demander s'il n'avait pas été un collaborateur des fascistes et des nazis. Eh oui, c'est comme ça que ça marche et c'est comme ça que ça plaît aux idiots relativement nombreux qu'on croise par chez nous. Mais moi je suis en mesure d'annoncer que, nazi pour nazi, M. Pàl Sarközy Nagy y Bocsa n'était pas et n'est pas, loin de là, un nazi exemplaire. En effet, il n'a pas tué son fils qui pourtant avait un grand-père maternel juif. Et il n'a pas essayé d'attenter à la vie de Carla Bruni, dont un grand-père était de la même fâcheuse origine que celle de son époux…

Il faut maintenant parler du plus décrié de la famille, le petit-fils de l'inquiétant Pàl Sarközy Nagy y Bocsa et le fils de l'affreux Nicolas Sarkozy. Jean Sarkozy, vingt-quatre ans, doté de dents (de vampire, comme Dracula, originaire de Transylvanie, longtemps sous domination hongroise) qui raclent le plancher et qu'il a héritées de ses deux ascendants mâles. La gloire sulfureuse l'illumina ainsi très, très jeune. Il n'avait en effet que vingt-deux ans quand une initiative aussi grotesque qu'imbécile fit de lui un candidat au poste très convoité de directeur de l'Epad. Aussitôt – et il ne l'avait pas raté car le simple bon sens aurait dû l'empêcher d'y penser – le président de la République, accusé de népotisme, devint la risée d'un public réclamant sa livre de chair.

Et, c'est ainsi que fonctionne le lynchage, des tombereaux d'ordures furent déversés sur son fils. Pourtant il aurait suffi de dire qu'il s'appelait Sarkozy et que, de ce seul fait, sa candidature était absolument choquante. Mais cela n'était pas assez. Jean Sarkozy fut décrété nul, bête à manger du foin, limite analphabète et arriviste. Un philosophe (plus connu comme humoriste) du nom de Siné écrivit dans *Charlie Hebdo* que le fils Sarkozy allait épouser une petite Juive friquée et que donc (suivez mon regard…) il irait loin dans la vie ! Philippe Val, le patron dudit journal, l'accusa d'antisémitisme et le poussa fermement à la porte. Ce qui déclencha une vigoureuse insurrection morale dont le vent souffla en tempête, le martyr Siné ayant manifestement été victime de la police de pensée sioniste et du fascisme sarkozyen. Comment pouvait-on, comment osait-on porter cette accusation contre Siné ? On s'étouffa d'indignation. Siné faisait de l'humour[1]. Il aurait, hurla-t-on,

---

1. Et à la barre des témoins de la défense furent, comme d'habitude, appelés Desproges et Coluche. L'humour de M. Siné est d'une tout autre ascendance. Il faudrait la chercher du côté d'un chansonnier des années 1950 qui dans un cabaret parisien faisait s'esclaffer la salle avec l'histoire suivante. « On dit que les Juifs ont été exterminés dans les chambres à gaz ! A

pu aussi bien écrire, si telle avait été l'origine ou la religion de sa fiancée, que le fils Sarkozy allait se marier avec une petite catholique friquée ou une petite musulmane tout aussi friquée… Dans sa tombe, Tartuffe se retourna, fou de jalousie : il avait trouvé ses maîtres ! Car, bien sûr, il n'était venu à l'idée d'aucun des protestataires que le mot « Juif » accolé aux mots « argent », « fric », « blé », « oseille », « thune » formait depuis des siècles un fantasme répugnant et souvent meurtrier. Ce qu'avait très bien compris un autre philosophe (plus connu comme assassin et tortionnaire), originaire de Bagneux et répondant au patronyme de Youssouf Fofana !

Un philosophe (seulement connu comme philosophe), Yves Michaud, ajouta quelques éclaboussures au tableau. Interviewé dans *Le Nouvel Observateur*[1], qui s'interrogeait sur « le fabuleux destin de Jean Sarkozy », il déclara : « Il est la caricature du cancre, fils à papa » ! Fils à papa, pourquoi pas ? Mais cancre ? M. Michaud avait dû éplucher soigneusement les bulletins scolaires et les notations universitaires du jeune Sarkozy, auxquels il avait eu accès on ne sait comment…

---

voir le nombre d'entre eux qu'il y a dans nos rues, je pense plutôt qu'on les a mis dans des couveuses. »

1. Le 21 octobre 2009.

Ne voulant pas assassiner un philosophe sur un bout de phrase (on le fait déjà tellement avec Sarkozy), je me suis donné la peine de lire un peu ce qu'il écrivait. Dans Agoravox[1], il s'exprimait ainsi : « L'affaire Polanski a rendu manifeste une polarisation très forte dans la société française entre la France d'en haut et la France d'en bas. » Et pour que cela fût entièrement clair, il ajoutait : « La France d'en haut, parisienne, médiatique, arrogante. » Et pour rendre les choses définitivement limpides, il dessinait ainsi la France d'en bas : « Le commun des mortels, dont je suis. » Passons sur l'extrême vanité de cette autoproclamation d'appartenance au peuple, mais surtout, en lisant M. Michaud, j'ai eu l'impression d'entendre l'écho très lointain, très ancien d'un hoquet d'après boire.

J'avais relu il n'y a pas longtemps *Mythologies* de Roland Barthes[2]. Il y était question d'un individu qui connut la célébrité à la fin des années 1950, Pierre Poujade. Il donna son nom au poujadisme qui, dans les années 2000 où nous vivons, connaît une popularité grandissante. Barthes écrivait ceci : « M. Poujade verse au néant toutes les techniques de l'intelligence, il

---

1. Le 6 novembre 2009.
2. Points Essais, 2007.

oppose à la "raison" petite-bourgeoise les sophismes et les rêves des universitaires et des intellectuels discrédités par leur seule position computable[1]. » Et ceci encore : « Qui sont les intellectuels pour Poujade ? Essentiellement les "professeurs" ("sorbonnards", "vaillants pédagogues", "intellectuels de chef-lieu-de-canton")[2]. » Et enfin, je cite toujours Barthes, évoquant la parisianité vomie par Poujade : « Les intellectuels, polytechniciens, professeurs et fonctionnaires ne font rien. Ce sont des esthètes, ils fréquentent non le bon bistrot de province, mais *les bars chic de la rive gauche*[3]. » Difficile d'ignorer après cela que Poujade et Michaud fusionnent dans l'appartenance au « commun des mortels ». En lisant Barthes, on voit de qui était le hoquet d'après boire. En lisant Michaud...

Ne voulant pas m'arrêter en route, je suis allé sur le blog de M. Michaud. Il y éreintait[4] assez violemment un livre d'Eric Besson. Ne l'ayant pas lu, je me garderai bien de contredire le philosophe. Mais – c'était beaucoup plus intéressant – le philosophe s'interrogeait sur le cata-

---

1. Page 94.
2. Page 200.
3. Page 203.
4. Le 28 mai 2010.

logue de la collection dans laquelle avait paru l'ouvrage qu'il démolissait. « Mme Toranian […] y écrit son désir d'en finir avec la femme… M. Olivennes y a écrit que la gratuité, c'est le vol », et « une Mme Gozlan, <u>qui ne doit pas être musulmane</u> [c'est moi qui souligne, *N.d.A.*], nous parle du désir d'islam… » J'ai trouvé assez riche ce « qui ne doit pas être musulmane » car il démontrait, en harmonie avec le « commun des mortels » cher à MM. Poujade et Michaud, que le philosophe était aussi un ethnologue et un raciologue distingué. Puis je me suis dit que j'étais publié par le même éditeur que Mme Gozlan et que – qui sait ? – j'aurai peut-être droit moi aussi à un « M. Rayski, qui ne doit pas être musulman »…

Sous le texte de M. Michaud concernant Eric Besson figurait une appréciation de lecteur : « Besson et Hortefeux sont à la culture française ce qu'un rouleau de PQ est à une chasse d'eau. Il est urgent de la tirer ! » A côté, l'avertissement habituel : « Les commentaires seront validés par l'auteur à l'exception des propos injurieux, diffamatoires, etc. » Yves Michaud a donc validé ce commentaire, ni injurieux ni diffamatoire selon lui. En conséquence de quoi il ne pourra pas m'en vouloir de rappeler la phrase de Napoléon sur Talleyrand : « De la merde dans un bas de soie. » Et il n'estimera pas que je suis injurieux et diffamatoire si je dis que ce que M. Michaud porte dans ses gants de philosophe c'est la même chose que ce que Talleyrand avait dans ses bas.

CHAPITRE 4

Où l'on verra pourquoi Nicolas Sarkozy ne fait pas, vraiment pas, président

A Sarkozy rien n'est permis. Aux autres tout. Il est vrai que l'ancien ministre de l'Intérieur et actuel président de la République en fait énormément. Il débat avec n'importe qui, sûr de sa supériorité intellectuelle et de son sens de la repartie.

Il affronte un rappeur du nom de Youssoupha qui – faut pas se gêner ! – se moque de sa petite taille et que Sarkozy, sans broncher, traite avec gentillesse et un peu de condescendance (il ne faut pas trop désespérer la banlieue). Il discute avec un Tariq Ramadan (vous savez, celui qui préconise un moratoire, c'est-à-dire une mise entre parenthèses, sur la lapidation des femmes) qu'il accule sans difficultés dans les cordes. Il se coltine avec un Jean-Marie Le Pen, aussitôt transformé en vieillard proche du gâtisme par la fougue du verbe sarkozyen. Il parle à des jeunes de banlieue reçus place Beauvau au ministère de l'Intérieur : ça se passe entre mecs, presque entre potes, qui ont à régler une embrouille, et les contradicteurs de Sarkozy repartent séduits. Mais quoi qu'il fasse ça se retourne contre lui. Il domine le rappeur Youssoupha ? Quelle arrogance face à un jeune qui n'a pas eu la chance de faire des études ! Il met K.-O. Ramadan ? Quel mépris pour l'islam ! Il écrase Jean-Marie Le Pen ? De toute façon, il pense la même chose que lui ! Il met dans sa poche des jeunes du 9-3 ? Quel démagogue ! Quoi qu'il fasse...

Il y a une histoire juive qui colle assez bien avec son cas désespéré. Au plus bas dans les sondages, Sarkozy se lamente sur son impopularité. Recevant l'ambassadeur d'Israël, il lui confie sa détresse. Le diplomate, plein de compassion, lui dit : « Monsieur le président, il faut que vous fassiez un miracle ! – Mais comment et où ? – Chez nous. Venez sur le lac de Tibériade, là où Jésus a marché sur l'eau et faites comme lui ! » Et Sarkozy, revigoré, se décide. Toute la presse écrite, radiophonique et télévisuelle est mobilisée pour cette grande occasion. Une délégation palestinienne (il faut ménager beaucoup de susceptibilités quand on se rend dans l'« entité sioniste ») est même conviée pour assister au miracle attendu. Et, ô divine surprise, Sarkozy s'avance et il marche sur les eaux du lac de Tibériade ! Hosanna,

Hosanna ? Pas du tout. Le lendemain de l'exploit, la presse titre : « Sarkozy ne sait pas nager ! »…

Rien en effet n'est permis au malchanceux. Mais il se le permet quand même. Epié par les caméras, les micros, les portables qui filment et enregistrent, il s'affiche avec des amis très riches, profite de leurs yachts, pose avec ses copains du show-biz. Sarkozy ne sait pas ce qu'il ne faut pas faire. Son prédécesseur, plus roué, savait, lui. Ce n'est pas Chirac qui serait ostensiblement parti en croisière sur un bateau de luxe appartenant aux Hariri, des milliardaires libanais très proches de lui. Ce n'est pas Chirac qui aurait convié au Fouquet's ses amis du CAC 40. Non, Chirac il fait mieux et autrement. Le soir du 5 mai 2002, quand il fut réélu président, sa voiture emprunta un itinéraire singulier pour se rendre place de la République où, pour fêter la victoire de l'homme qui avait triomphé de Le Pen et avait refusé la guerre en Irak, l'attendait une petite foule, fortement teintée de banlieue. Le véhicule fit un détour pour s'arrêter devant un hôtel particulier de la rue de Tournon. A l'entrée attendait François Pinault, l'un des hommes les plus fortunés de France. Bernadette Chirac descendit pour se rendre chez l'ami du couple présidentiel et son mari continua. Il avait rendez-vous avec le peuple de

France qu'il fit passer – quel savoir-faire ! – avant les Pinault, rejoints évidemment par la suite. On pourrait, méchamment, être tenté de voir dans cette escale rue de Tournon tout un symbole. Mais symbole pour symbole, la place de la République (sans François Pinault), haut lieu populaire et révolutionnaire, ça a quand même une autre gueule que d'aller, le soir du 5 mai 2007, faire du tapage nocture – bling, bling – sur les Champs-Elysées pour se rendre ensuite à une fête place de la Concorde, à côté du Crillon et de l'ambassade américaine.

De toute façon, Sarkozy est dans l'incapacité totale d'égaliser en quoi que ce soit son prédécesseur. C'est un novice, un apprenti dépourvu de tout don qui lui permettrait d'être digne d'accéder au poste enviable de capo mafioso. Chirac, lui, a la vraie stature d'un parrain. Un des principaux collecteurs de fonds du RPR raconta, dans une cassette enregistrée qui fit grand bruit, qu'un jour, le 5 octobre 1986, il se rendit à l'hôtel Matignon pour remettre à Michel Roussin, directeur de cabinet du Premier ministre de l'époque, une lourde valise contenant 5 millions de francs. Et le Premier ministre de l'époque, qui s'appelait Jacques Chirac, sans doute alléché par cette somme mirobolante, assista à la scène. Quand l'affaire fut révélée, l'Elysée étant devenu le nouveau domicile de l'hôte de Matignon, le président de la République, dûment conseillé par Dominique de Villepin, trouva les mots qu'il fallait : cette histoire était « abracadabrantesque » et elle ferait « pschitt » comme un ballon qui se dégonfle.

Il n'avait pas tort. Quand Michel Roussin fut convoqué plus tard par Villepin pour s'entendre dire, avant son procès, qu'il lui fallait tout prendre sur lui, que « tout devait rester étanche comme sur le *Titanic* » et qu'il répliqua que « le *Titanic* avait coulé », cela aussi fit « pschitt ». Le *Titanic* de Chirac ne coula pas. Quand, à la demande du même Chirac, un traquenard fut tendu au juge Halphen qui cherchait noise à Jean Tibéri, ex-maire de Paris et maire du Ve arrondissement, et qui risquait de craquer en donnant le nom de son donneur d'ordres, cela fit également « pschitt ». C'est ce bruit-là que font toutes les casseroles ou plutôt les énormes chaudrons et marmites que Jacques Chirac traîne derrière lui. Alors qu'avec Nicolas Sarkozy tout fait « boum » : pas le bruit d'un ballon qui se dégonfle, mais le bruit d'un ballon qui explose ! A ce degré d'incompétence et de maladresse, il est évident que l'actuel chef de l'Etat n'est pas fait, pas du tout fait, pour être président de la République. Alors que Chirac…

Mais le plus accablant concernant Sarkozy n'est pas là. Les amis du CAC 40, les copains du show-biz, les Rolex, le Fouquet's, tout ça n'est rien à côté de ses épouses. Il s'affiche avec elles. Il les montre. On ira jusqu'à dire qu'il les exhibe. Combien de couvertures de *Paris Match* consacrées à ses relations tumultueuses avec Cécilia[1] ? Et combien de ces mêmes couvertures avec, sous toutes les coutures, Carla ? Il faut reconnaître que l'une et l'autre sont plutôt attirantes et jolies. Mais elles ont des drôles de noms. Cécilia ex-Sarkozy est née Cécilia Maria Sara Isabel Ciganer. Et *ciganer* (en allemand ou en yiddish), ça veut dire « tsigane ». Et ça vient de Bessarabie, d'où le père de la volcanique créature était originaire. Carla est née Carla Bruni Tedeschi. Et *tedeschi* en italien, ça veut dire « allemand », sans négliger le fait, aggravant, qu'elle est la fille adultérine d'un certain Maurizio Remmert installé au Brésil. Pire qu'un crime, c'est une faute. Une faute de goût entièrement imputable à Sarkozy.

---

1. L'une d'elles a d'ailleurs, sur consigne de Sarkozy, coûté son job à un directeur de rédaction de ce journal, Alain Genestar. Ce dernier, supposé de droite, se produit à l'heure qu'il est sur France Info où, dans un débat hebdomadaire, il est opposé à Edwy Plenel, ancien rédacteur en chef du *Monde*, supposé de gauche. Et tous deux ont en commun de vouer une franche détestation au président de la République, ce qui est, soyons-en sûrs, une garantie d'objectivité et de sérénité le concernant. Ce qui tendrait aussi à prouver que la radio publique n'est pas encore entièrement soumise au « fascisme sarkozyen ».

Un révoltant manque de classe et de tact. Car si l'on compare les épouses des deux anciens chefs d'Etat, il n'y a pas photo, comme on dit aux courses à Auteuil ou à Chantilly. Bernadette Chirac est née Bernadette Chodron de Courcel ! Anne-Aymone Giscard d'Estaing est née Anne-Aymone Marie Josèphe Christiane Sauvage de Brantes ! Ça vous a une autre allure que les femmes du côté de chez Sarkozy.

Dans ce domaine délicat et sensible, bien d'autres manquements sont à mettre au débit de l'actuel occupant de l'Elysée. Jamais il n'aura la réputation d'un Chirac, un gaillard, un homme, un vrai, un hussard. Jacques est un robuste. On l'imagine culbutant des paysannes sur une meule de foin. Troussant vite fait des bonniches entre deux portes. Il sait – nom d'une pipe ! – que les femmes ont besoin d'être un peu bousculées ! Car les femmes, c'est démontré depuis toujours, aiment ça. Et la France aime que Chirac soit comme ça. De chez nous, de France. Tel que sa vigueur – un peu rapide certes, mais compensée par sa fougue – rejaillit sur les hommes de ce pays et fait se pâmer ses femmes. De lui il s'est écrit ceci. « Chirac a eu jusqu'à l'écœurement les militantes du parti, les secrétaires de l'organisation, toutes celles avec lesquelles il passait cinq minutes affairées au sixième étage du 123, rue de Lille. […] Une plaisanterie courait parmi le personnel féminin de la rue de Lille : "Chirac ? Trois minutes douche comprise[1] !" » Et Sarkozy ? Rien, le pauvre ! Même dans cette charmante discipline « il ne fait pas président ».

Valéry Giscard d'Estaing, c'est un tout autre genre, genre châtelain caricatural. C'est un cliché. Mais l'ancien président de la République est lui-même un cliché. Car qui d'autre qu'un cliché de nobliau aurait le culot d'inviter à l'Elysée des éboueurs pour un petit déjeuner (« si, si, Anne-Aymone, je vous assure qu'ils sont charmants ») ? Qui d'autre s'offrirait le luxe aristocratique (bien plus tapageur, à mes yeux, qu'une Rolex) de jouer de l'accordéon, instrument très prisé, comme chacun sait, dans les bals des débutantes ? Donc, très loin des assauts brutaux d'un Chirac, on l'imagine bien prendre dans les communs quelques instants de plaisir avec les femmes de chambre du château. Rien n'a été écrit sur les étreintes de Valéry Giscard d'Estaing. C'est lui, lui tout seul qui écrit. « Nous parcourions la nuit ensemble, dans une passion ardente et sauvage où je me découvrais davantage de libertés que je ne m'en serais prêté mais avec une nuance de

---

[1]. Jean-Claude Laumond, *Vingt-cinq ans avec lui*, Ramsay, 2001.

regrets, un peu moins de tendresse. Nathalie, elle, la belle et superbe Nathalie y mettait la même ardeur et y ajoutait à certains moments un mystérieux besoin de soumission […] Sa peau est tiède, sous la laine, et extraordinairement douce, presque fragile. Nathalie réagit par un frémissement défensif à l'envahissement de mes lèvres[1] », et ainsi de suite. On notera par ailleurs que Valéry Giscard d'Estaing a, dans un autre livre, fait comprendre à la France et à la Grande-Bretagne que la princesse Diana n'avait rien pu lui refuser, ce qui ne l'a pas empêchée d'ailleurs de se jeter dans les bras d'un quelconque Dodi al-Fayed. Ça aussi, ça plaît. Moins que Chirac sans doute. Mais les amours à l'ancienne ont un si délicieux charme désuet. Et Sarkozy ? Confronté à cet Himalaya de mièvrerie, à ces altitudes harlequinesques, rien, rien du tout. Il est trop petit pour atteindre ces sommets amoureux.

Pour conclure ce registre, impossible de ne pas faire un détour par François Bayrou. Pas président certes, mais néanmoins candidat à la présidence de la République, avec un score, très flatteur, de presque 19 % au premier tour de l'élection de 2007. Et, selon moi, l'explication de ce très beau résultat se trouve dans un

---
1. *Le Passage*, Robert Laffont, 1999.

entretien qu'il a accordé à une jeune et jolie journaliste du nom d'Estelle Denis[1]. François Bayrou s'y montrait sous un jour inattendu : celui du mâle triomphant. Inattendu, car sa famille génétique et nourricière, la démocratie chrétienne, a toujours été représentée sous l'aspect flasque de grenouilles de bénitier et affublée du vocable tout aussi flasque de « couilles molles » (expression chiraquienne). Le candidat de l'UDF avait compris qu'il ne devait pas se laisser enfermer dans cette lamentable coquille susceptible de lui aliéner l'électorat féminin.

Et il la fit voler en éclats. Et avec quoi effectua-t-il ce travail libérateur ? Avec une partie de son corps que ma mère m'a rigoureusement interdit de nommer ici. A la journaliste qui lui demandait ce que sa femme préférait en lui il répondit « ma virilité ». Oui, il a dit « ma virilité », parlant à une journaliste et, au-delà d'elle, lançant un appel à toutes les femmes de France nécessairement émoustillées par une affirmation aussi péremptoire. Oui, il a dit « ma virilité », sans doute plus raffiné que « je suis un bon coup » mais tout aussi limpide. L'ego surdimensionné du vigoureux François Bayrou prend

---

1. Entretien cité par *Le Monde* du 21 mars 2007.

manifestement la forme d'un dolmen et, les grands jours, atteint la taille d'un obélisque.

Personne n'a ri. Nul n'a estimé que François Bayrou dépassait ici les sommets du grotesque vaniteux. On a, au contraire, applaudi en silence à cette forte déclaration. Pareillement les étreintes multiples de Chirac ne l'ont en rien desservi auprès du peuple, tout comme les mièvreries érotiques de Valéry Giscard d'Estaing n'ont fait aucun tort à ce dernier. A supposer, ce qui est peu vraisemblable, que ces trois hommes d'Etat soient allés trop loin en dévoilant leurs capacités sexuelles, ils avaient toujours, et ils ont encore, la ressource de se mettre quelque temps au vert. Chirac dispose d'un château en Corrèze où il peut se rendre pour flatter la croupe des vaches et celles de quelques représentantes du sexe féminin. Valéry Giscard d'Estaing a l'Auvergne et ses volcans, éteints comme lui, à l'abri desquels il peut continuer à écrire les aventures érotiques d'un séducteur de papier. Bayrou peut faire une retraite spirituelle dans le Béarn, où « ma virilité » fait un tabac car tous connaissent là-bas la phrase d'Henri IV, un natif du coin : « Jusqu'à quarante ans, j'ai cru que c'était un os ! » Quant à Sarkozy, il irait où, lui, s'il devait se ressourcer ? Sur les bords du lac Balaton lutiner les jeunes Hongroises ?

De cette mise en perspective il ressort que le président de la République, gringalet agité et complexé, ne joue pas dans la cour des grands mâles, de ces grands fauves que sont Chirac, Valéry Giscard d'Estaing et François Bayrou. A considérer le combat politique sous cet angle qui, en France, en vaut un autre, une évidence lumineuse s'impose : en 2007, ce n'est pas une Ségolène Royal qu'il fallait lui opposer mais un Dominique Strauss-Kahn ! Non, non, Sarkozy « ne fait pas président ». Juste une Cécilia, puis après, juste une Carla... Lamentable, quantitativement insuffisant. Pas de maîtresses, pas de princesses, pas de soubrettes, pas de bonniches et en tout cas pas d'obélisque. D'ailleurs, à lui ce n'est pas permis.

Chapitre 5

**Où l'on apprendra que Nicolas
Sarkozy fait aussi de la politique**

Non content d'être petit et laid, Nicolas Sarkozy fait aussi de la politique. Pire, Nicolas Sarkozy fait une politique. Pas en mon nom, mon choix électoral ne s'étant pas porté sur lui. Ni avec mon assentiment. Je me sens donc entièrement libre de ne pas l'approuver. Et tout aussi libre de ne pas la commenter. En tout cas pas ici. Si j'ai une opinion sur sa façon de procéder en tant que président de la République, ce n'est certainement pas dans ces pages, consacrées exclusivement aux demeurés aigris dont l'exercice favori consiste à s'essuyer les mains et les pieds sur lui, que je vais la livrer ! Je détesterais en effet qu'on puisse penser que je me dédouane ainsi par prudence de l'accusation d'être un sarkolâtre. Car rien ne me dégoûte autant que le « mais », le « cependant », le « toutefois », précautionneux, paresseux et lâches, qui font office de boucliers aux esprits médiocres.

Il demeure que l'action de Nicolas Sarkozy est, comme toute autre, susceptible d'être jugée, même si moi, je me l'interdis ici. On peut la trouver critiquable, voire détestable, selon les cas ou l'humeur du jour de ses très nombreux opposants. Les urnes, qui lui sont très défavorables dernièrement, se chargent de le dire. Les très nombreuses manifestations syndicales contre sa politique en témoignent. Et la presse exerce à son encontre son rôle, normal, de critique vigilante. Nicolas Sarkozy est donc très, très impopulaire, et si l'élection présidentielle avait lieu aujourd'hui, il y a fort à parier que n'importe qui pourrait être élu plutôt que lui.

Pour prendre un exemple, le président de la République, parmi d'autres mesures, s'est attelé à la réforme des retraites. Toucher aux retraites, c'est à coup sûr prendre le risque de faire exploser tout gouvernement, déclarait naguère le sage Michel Rocard. C'est dire que Nicolas Sarkozy n'a vraiment pas choisi de se faire aimer du plus grand nombre. Par millions, on a manifesté, fait grève et pétitionné contre cette réforme, assurément dommageable aux petites gens. Pourvu que ça dure, répétait Laetitia Bonaparte en parlant de son fils, devenu empereur. Pourvu que ça dure, espère une grande partie de la France. Pourvu que ça dure, ou selon une autre, ancienne et très connue, formule : « Encore une minute, monsieur le bourreau ! » Humainement, ce refus est compréhensible et respectable. Il faut juste avoir à l'esprit qu'il est fort probable que dans peu d'années le bourreau ne s'appellera pas Nicolas Sarkozy, mais Dominique Strauss-Kahn, Martine Aubry ou Ségolène Royal. Ce bourreau-là prendra la pilule laissée par l'actuel chef de l'Etat, la dorera légèrement, l'enveloppera de papier rose et l'administrera à la population française comme l'ont fait les socialistes grecs et les socialistes espagnols.

Politiquement, on ne peut pas négliger non plus la propension de Nicolas Sarkozy à fréquenter les riches au lieu de taper le carton avec d'honnêtes travailleurs dans un bistrot d'Aubervilliers. Certains des siens, ministres comme M. Woerth et d'autres, se débrouillent, très maladroitement, pour ne même pas laisser entre eux et l'argent l'épaisseur d'une feuille de papier à cigarette. Et on découvre ainsi que Mme Bettencourt, à l'exemple de nombreux fortunés anonymes, arrose l'UMP et l'aide pour ses campagnes électorales. Mais à qui devrait-elle donner ses enveloppes ? A Besancenot ? A Lutte ouvrière ? A Mélenchon ? Aux Indigènes de la République ? A José Bové ? La milliardaire fait bénéficier de ses largesses ceux qu'elle considère comme les siens. C'est banal.

La plupart du temps, cela se fait discrètement, et ça reste banal. Et parfois, pas de chance pour Nicolas Sarkozy, cela se sait. Et ça fait scandale. Car en France on n'aime pas, surtout quand on ne touche que le smic, que l'argent s'étale. Et c'est normal. Aux Etats-Unis, Barack Obama peut lever des dizaines de millions de dollars en tendant sa sébile aux riches et ses adversaires républicains en font tout autant. Mais nous sommes en France, pas aux Etats-Unis. Il est vrai que cette transparence américaine ne laisserait aucune chance à des Besancenot, Mélenchon ou Bové de là-bas. Il est vrai aussi qu'aux Etats-Unis les susnommés n'ont pas essaimé d'avatars locaux, ce qui, à tout prendre, est une chance pour ce grand pays.

Apparemment pire que l'argent étalé, pire que les retraites menacées, il y a les propos sur les criminels « d'origine étrangère », sur les Roms, désignés comme délinquants potentiels. Il est question de priver de la nationalité française des Français de fraîche date qui se seraient rendus coupables de crimes particuliers, qui pratiqueraient la polygamie et l'excision. A première lecture, cela revient à retrancher de la communauté nationale des hommes et des femmes clairement connotés ethniquement et religieusement. Une grande partie de l'opinion s'indigne de cette discrimination qui violerait un interdit moral et éthique. Les plus énervés, les plus frénétiques crient que c'est Vichy et y voient la confirmation éclatante de ce qu'ils avaient eu bien raison de traiter Nicolas Sarkozy de Pétain II.

C'est Vichy ? Oui, c'est Vichy, mais de la même façon que l'eau de Vichy ressemble au cognac ou à l'armagnac : comme le Canada Dry, ça a la couleur de l'alcool, le goût de l'alcool, mais ce n'est pas de l'alcool…

A l'évidence, aucune de ces mesures proclamées ne sera appliquée. Les juges, les avocats, les organisations spécialisées dans les droits de l'homme se battront durant des mois pour protéger avec succès les quelques rares individus tombant sous le coup de ces lois. Alors pourquoi tout ce bruit, tous ces effets d'annonce et de manche ? Pour complaire au Front National et pour flatter les bas instincts xénophobes de quelques millions d'électeurs ? Tel n'est pas mon avis. Le calcul élyséen, car il y a calcul, a été de prendre en compte l'exaspération montante des Français. Exaspération vérifiée par des sondages confidentiels commandés par Nicolas Sarkozy et confirmée par un sondage public montrant une approbation majoritaire pour les mesures annoncées[1]. Pour ma part, et bien que je n'aime pas, pour des raisons de mémoire et d'origine, qu'on pointe du doigt les étrangers, je ne vois aucun inconvénient à ce que ces mesures fassent un peu peur aux barbares qui vocifèrent : « J'encule les flics, j'encule la France, j'encule les Français ! » Des innocents, français comme moi, vont hélas en pâtir. Peut-être pourraient-ils rassembler leur courage pour appeler un voyou un voyou, quelle que soit son origine et quelle que soit la cité où il habite. Vais-je pour autant protester contre les amalgames dont ils auront à souffrir, vais-je manifester contre les gesticulations oratoires de Nicolas Sarkozy, d'Hortefeux et d'Estrosi ? Je ne peux pas.

En 1995, avec des amis, je m'étais rendu à une manifestation contre les lois Pasqua, Debré, Méhaignerie, renforçant (déjà !) les mesures destinées à freiner l'afflux sur le territoire des sans-papiers. J'y ai vu quelques hommes revê-

---

[1]. Sondage paru dans *L'Humanité* du 6 août 2010. J'ai préféré prendre celui-là plutôt que celui du *Figaro*, largement bien plus favorable encore aux annonces sarkozyennes, mais aussitôt décrété « bidon », car paru dans *Le Figaro*. Ce reproche n'a pas été fait à *L'Humanité*. Il est vrai que *Marianne* a, à son tour, publié un sondage aux résultats diamétralement opposés. *Marianne* contre *Le Figaro*, match nul : 1-1 ! J'en reste donc à *L'Humanité*.

tus de tenues de déportés avec l'étoile jaune cousue sur la poitrine. C'était obscène. Depuis je me suis juré de ne plus jamais participer à ce type de défilés. En 1995, la Ligue des droits de l'homme et le MRAP étaient au premier rang des protestataires. Quand, quelques années plus tard, Houellebecq fut traîné en justice pour avoir écrit que l'islam était la religion « la plus con », ces deux organisations se portèrent partie civile. Depuis que la LDH et le MRAP se sont transformés en SPI (Société protectrice de l'islam), j'ai décidé de ne jamais manifester sous leurs bannières. De surcroît, je considère comme parfaitement écœurant leur acharnement maladif consistant à qualifier des arrestations (réelles et très limitées) de sans-papiers de « rafles » en référence à celle du Vél d'Hiv, qui envoya tant d'hommes, de femmes et d'enfants dans les chambres à gaz. Pendant plus d'un mois des centaines de sans-papiers ont occupé les marches de l'Opéra Bastille. Puis, sans violence, la police les a escortés jusqu'au métro Bastille. Auschwitz n'est pas le nom d'une station de métro.

Il me semble, à l'opposé de beaucoup d'aveugles volontaires et de sourds par choix, qu'il existe, selon les lieux, l'appartenance sociale, religieuse ou ethnique, des spécificités qui ne sont pas niables. L'islam n'a jamais déclaré caduque la charia, qui prévoit diverses amputations et la lapidation pour adultère. J'entends bien que la peine de mort est en vigueur aux Etats-Unis, en Chine et dans d'autres pays réputés non islamiques. Curieusement, et c'est aussi une spécificité, elle ne sanctionne pas l'adultère (pas sanctionné du tout), et c'est un bourreau, payé pour exercer ce triste métier, qui se charge de son application. S'agissant de la lapidation des femmes, les bourreaux sont volontaires, nombreux et font ça gratuitement. Dans le respect d'une procédure strictement codifiée, les pierres utilisées ne doivent être ni trop grandes ni trop petites. Trop grandes, elles tueraient trop vite et il faut quand même que la pécheresse voie un peu venir sa mort. Trop petites, elles feraient durer le supplice plus que nécessaire (la charia fait preuve dans ce cas d'une louable mansuétude). La femme doit être enterrée jusqu'au cou : si tel n'était pas le cas, quelques pierres pourraient déchirer sa chemise ou son corsage et laisser apparaître un sein que les bourreaux ne sauraient voir.

Cette peine abominable est plutôt rarement utilisée. Mais *elle existe* ! Et les cris des femmes ainsi lapidées montent jusqu'au ciel pour dire à Allah qu'il est cruel. Dans l'histoire ancienne, et parfois plus récente, on a déjà, dans d'autres religions que la musulmane, tué au nom de

Dieu. Pendant la guerre d'Espagne, les franquistes fusillaient les « marxistes » et les républicains en invoquant le Christ-Roi. L'Eglise était de leur côté, bénissant les pelotons d'exécution. Il se trouva des prêtres qui en furent révoltés et qui n'avaient pas la même conception du Christ. On en compta des centaines au Pays basque. Quand les franquistes eurent triomphé, ils furent fusillés eux aussi au nom du Christ-Roi... Comme Pascal, je ne veux croire qu'aux témoins qui se font égorger. J'attends donc que des centaines d'imams et de mollahs prennent le risque de se faire tuer par les égorgeurs islamistes et proclament, haut et fort, qu'ils n'ont pas la même lecture de l'islam que ceux qui lapident. Dans cette expectative, je continue pour le moment à souscrire à la définition de Houellebecq...

Spécificités, singularités... Il y en a tant d'autres. L'excision, autre motif éventuel de déchéance de la nationalité, se pratique exclusivement chez des populations d'origine africaine. Faut-il le taire ? Des images de viols, filmées par leurs auteurs et mêlées à celles de la décapitation du Juif Daniel Pearl par des djihadistes pakistanais, passent en boucle, de portable en portable, dans les banlieues. Doit-on s'interdire de le dire ? C'est uniquement dans certains quartiers qu'un criminel tué par la police est honoré comme un héros et qu'une foule de « jeunes » décide de le venger après qu'un imam a prononcé une prière funéraire en sa mémoire. Doit-on passer sous silence le nom de ces quartiers ?

A Neuilly, Auteuil et Passy (nommons-les) ont cours d'autres pratiques. La délinquance en « col blanc ». L'évasion fiscale. Les fausses factures. Les emplois fictifs. C'est aussi grave, affirme-t-on, que ce qui se passe dans les banlieues ! Pour ma part je trouve préférable de croiser un milliardaire qui a grugé le fisc plutôt que de me faire défoncer le crâne par un aimable collectionneur de portables. Ce qui paraît surtout inacceptable à beaucoup, nourris d'idées reçues, c'est la très scandaleuse impunité dont jouiraient ces délinquants dorés. Il serait utile de demander ce qu'ils en pensent aux banquiers perquisitionnés et placés en garde à vue, à Jean-Marie Messier, à Loïk Le Floch-Prigent, à François Léotard, à Jérôme Kerviel, à Bernard Tapie, à Alain Juppé, à Michel Noir, à tant d'autres, à tous ces élus du peuple anonymes et déchus, à tous ces maires inconnus emprisonnés... Il est notoire – spécificité de bourges – que, chaque fois qu'un « col blanc » est ennuyé par la police, jamais on n'assiste à une révolte solidaire, bruyante et violente des financiers, des traders et des hommes politiques, et Mme Bettencourt crie très rarement : « J'encule la police ! » A mon sens, le sentiment de l'impunité dont ils bénéficieraient vient de là, de leur silence, de leur passivité.

Mais c'est eux qu'il faut, avant tout et sévèrement, châtier. En pèlerinage fascisant au Japon, Jean-Marie Le Pen s'est rendu au sanctuaire Yasukuni, qui honore les esprits des 2,5 millions de soldats japonais morts pendant la Seconde Guerre mondiale, y compris les esprits de quatorze criminels de guerre exécutés par les Alliés après la victoire. Interrogé sur cet hommage rendu à des assassins et des tortionnaires, le chef du FN a répondu en citant une phrase de Brasillach : « Tout sang qui coule est un sang pur. » Et Bruno Gollnisch a exprimé tout haut ce que son maître pensait tout bas : il y a les « mauvais criminels de guerre » (les Japonais) et les « bons criminels de guerre » (les Américains). Comme les leaders du Front National, vous êtes quelques-uns à faire le même distinguo, les déshérités des cités remplaçant les Japonais. Comme eux, vous allez voter contre Nicolas Sarkozy, acoquiné avec les « bons criminels », ceux de Neuilly, Auteuil, Passy. Contre Sarkozy. Par ressentiment. Par haine. Moi, je ne voterai pas contre Sarkozy. Je voterai pour la gauche. Par habitude, par nostalgie.

Chapitre 6

Où l'on découvrira l'héroïsme de ceux qui résistent à Nicolas Sarkozy

« Me touche pas, tu vas me salir ! » Cette phrase, qui aurait dû rester dans les annales et qui n'y resta pas, fut prononcée au Salon de l'agriculture par un citoyen révolté, refusant de saisir la main que lui tendait le président de la République. Mais elle passa à la trappe, étouffée par le vacarme suscité par la réplique de Nicolas Sarkozy : « Casse-toi, pauvre con ! »

Pourtant ce « Me touche pas, tu vas me salir ! » aurait mérité un bien plus glorieux destin. Un retentissement hexagonal et mondial, une notoriété égale au « Liberté, Egalité, Fraternité » qui orne les frontons de nos mairies et de nos écoles. D'ailleurs, avec un peu d'audace, si la gauche parlementaire n'était pas si frileuse, ces mots auraient dû remplacer notre célèbre et obsolète devise nationale.

Car avec cette phrase, tout fut dit sur le règne de Naboléon, réincarné parfois en Pétain II. Oui,

Nicolas Sarkozy fait tache dans le paysage politique français dont chacun sait qu'il a la couleur limpide et innocente du blanc immaculé. Oui, Nicolas Sarkozy tache. Oui, Nicolas Sarkozy salit. Oui, Nicolas Sarkozy souille. Il n'a, évidemment, ni pudeur ni retenue. Rien ne l'arrête dans sa salissante entreprise. Cet homme va nuitamment dans les cimetières de la gauche et déterre ses plus précieux cadavres pour s'en repaître. C'est, on vous le dit, une espèce de nécrophage. Il a osé, dans des discours, prononcer les noms de Jaurès et de Blum ! Il a eu l'outrecuidance de faire l'éloge de Guy Môquet, héros communiste ! Il s'est permis de rendre hommage à la Résistance en se rendant à la cascade du bois de Boulogne, où trente-cinq jeunes (ne pas confondre avec « jeunes ») furent fusillés par la Gestapo, et en accomplissant un pèlerinage annuel au plateau des Glières où périrent cent quarante-neuf maquisards ! Et là, il n'y a plus de « Me touche pas, tu vas me salir ! » de l'honnête citoyen cité plus haut. Il a touché. Il a sali. Car les morts ne peuvent pas se défendre. Alors que faire ?

Je ne sais pas comment on procède chez les catholiques, les juifs ou les musulmans quand une église, une synagogue ou une mosquée ont été souillées. Sans doute y a-t-il des prières spéciales, des cérémonies particulières pour nettoyer et resanctifier ces lieux de culte. Dans le cas de Sarkozy, on fait de la façon suivante pour resacraliser les lieux profanés par sa présence blasphématoire. Ainsi a été créée une association appelée CRHA (Citoyens résistants d'hier et d'aujourd'hui), dont le but est d'organiser des rassemblements expiatoires, des contre-pèlerinages, comme un grand nettoyage de printemps, sur le plateau des Glières, afin d'effacer toute trace du passage du profanateur. On y vient chaque année par centaines (des milliers, disent les organisateurs, bien que ce ne soit pas l'avis des « médias bourgeois » qui, sur ordre de l'Elysée, minimisent cet événement ou carrément le passent sous silence). On y entend de vibrants discours sur la Résistance d'hier contre les nazis et sur la résistance d'aujourd'hui contre Pétain II. Parfois, ces cérémonies sont honorées par la présence d'authentiques et grands résistants comme Raymond Aubrac. Un homme respectable dont les choix sont respectables. Ce qu'a bien compris l'affreux Sarkozy, qui, le 14 juillet dernier, l'a élevé à la dignité de grand-croix de la Légion d'honneur. Une distinction que Raymond Aubrac n'a pas cru bon de refuser, va donc savoir pourquoi... Sur le plateau des Glières, et aussi ailleurs, certains, nostalgiques des tranchées de Madrid et dotés d'un tout petit peu de culture historique, mur-

murent : « *No pasaran !* » D'autres, un peu plus nombreux, entonnent *Le Chant des partisans*. « C'est nous qui brisons les barreaux des prisons/Pour nos frères/La haine à nos trousses et la faim qui nous pousse/La misère. » Certains d'entre eux, illettrés de la pensée et analphabètes du cœur, écorchent et intervertissent les paroles : « La faim à nos trousses et la haine qui nous pousse »! La haine. Rien que la haine. La haine qui dévoie. La haine qui mutile.

Contre la souillure sarkozyenne on a trouvé aussi plus savant, plus universitaire, avec tout le sérieux pontifiant que confèrent les palmes académiques. Des historiens se sont réunis dans un collectif nommé Comité de vigilance face aux usages publics de l'histoire (CVUH). Et ce comité bidule, ou bidon, accuse Nicolas Sarkozy de « contrefaçon mémorielle » (à rapprocher de la fameuse « pornographie mémorielle » de Dieudonné concernant la Shoah) !

Dans un texte[1] dont la rigueur scientifique ne souffre aucune discussion, un des historiens du collectif démontre, à lui tout seul et de façon éblouissante, que le gauchisme est devenu la maladie sénile du communisme. Il écrit que le chef de l'Etat est un président bling-bling fabri-

---

1. Publié le 12 avril 2008.

quant une Histoire bling-bling. Une Histoire constituée d'«un grand mélange où tout s'entrechoque comme dans une boîte de nuit»! Le bal des maudits, le bal des vampires, le bal Sarkozy... Epoustouflé par cette puissante image, j'ai vu, apparition cauchemardesque, Nicolas Sarkozy se trémousser au son de *L'Internationale* face à un Jean Jaurès pantois, Nicolas Sarkozy serrant langoureusement contre lui Guy Môquet, accompagné par la musique du *Chant des marais*, Nicolas Sarkozy ondulant frénétiquement devant les cadavres des héros par lui déterrés, en chantant *Bella Ciao* (que Carla Bruni lui a appris)[1]...

Il est vrai que le président de la République n'a rien à faire avec ces héros-là, avec ces chants-là. Certes, la plupart d'entre vous ne les connaissent pas (moi je les connais et c'est l'un des multiples avantages que j'ai sur vous), mais vous vous en proclamez les seuls héritiers, sans rien savoir, bien sûr, de la richesse émotionnelle de mes morts. Il y a eu autrefois des géants, des nains (aucune allusion à votre physique) prétendent aujourd'hui être les seuls enfants légitimes! C'est pourquoi il est tout à fait inacceptable à vos yeux que Nicolas

---

[1]. Frappé par les contributions du CVUH, j'ai un instant envisagé de créer un CVUHH (Comité de vigilance face à l'utilisation de l'histoire par certains historiens).

Sarkozy vienne avec ses grosses pompes fascisantes piétiner cette sublime et amoureuse harmonie.

Vade retro Sarkozas ! C'est à l'île d'Yeu qu'il doit aller, pas sur le plateau des Glières. Là-bas se trouve la tombe du maréchal Pétain. La tombe sur laquelle Nicolas Sarkozy se doit – pour rester dans le rôle que vous lui avez attribué – de déposer une gerbe. Il doit et il peut. Car François Mitterrand fit de même pendant des années sans soulever beaucoup de protestations. Il doit se recueillir au cimetière des Batignolles, à Paris, sur la tombe, bien peu fleurie, de Joseph Darnand, le chef de la Milice, fusillé à la Libération. Il lui faut aussi s'agenouiller, chaque 6 février, en l'église Saint-Séverin, où se célèbre une messe de requiem à la mémoire de Brasillach, autre fusillé de la Libération. J'ai d'ailleurs relevé que le 6 février dernier, l'agenda du président de la République était vide de tout rendez-vous officiel ou de travail. Peut-être, cela va vous combler d'aise, est-il allé, rasant les murs, en pardessus de couleur grise, en ce lieu, où il a toute sa place, murmurer quelques prières…

Sarkozy ne peut être que vichyssois, que fasciste. Sinon, quel mérite, quelle valeur aurait votre combat ? Plus Sarkozy ressemble à Pétain et plus vous êtes courageux. Et quand il fait des incursions du côté de chez Hitler, votre résistance prend un aspect carrément héroïque. Car il en faut de l'audace pour braver les châtiments terribles qui s'abattent sur vous, les cachots, les matraques policières, les intimidations, la censure, la mitraille, les insultes (« Casse-toi, pauvre con ») et les interdits professionnels. Résistants vous êtes. Résistants d'aujourd'hui. Et par votre nombre, vous distancez largement les résistants d'hier, ce qui prouve bien que vous êtes, bien plus qu'eux, téméraires jusqu'à l'imprudence. Que de résistants dans la France d'aujourd'hui, la France sarkozyenne qui n'a rien à envier à celle de Vichy. A telle enseigne qu'on serait bien en peine de citer tous les soldats de l'ombre, qui, descendus des collines, montés de la mine, arrachés des champs et des usines, bravent le fascisme sarkozyen. Nommons-en quelques-uns, plus méritants ou plus connus. Et que tous les anonymes omis de cette liste sachent que la patrie reconnaissante saura, le jour de la victoire, inaugurer pour eux un tombeau du résistant inconnu.

Ceux d'abord du plateau des Glières, parce qu'il leur revient d'avoir trouvé le sigle génial de « Citoyens résistants d'hier et d'aujourd'hui ». Et puis Julien Coupat, qui a croupi dans les geôles sarkozyennes sans desserrer les dents. Et le rappeur Youssoupha, qui n'a pas baissé la tête devant Sarkozy. Et Dieudonné et Guillon et Porte, interdits d'antenne ou d'écran. Et l'anonyme qui cria : « Me touche pas, tu vas me salir ! » Et un autre inconnu qui s'essuya la main après que Sarkozy l'eut touché avec la sienne. Et encore ce courageux pêcheur qui lui lança : « Enculé ! » Que sont-ils devenus ? Où sont-ils ? Dans quelle prison gémissent-ils ? Dans quelle clinique, quel hôpital font-ils une pénible rééducation après avoir été dramatiquement handicapés par les coups que leur ont administrés les gardes du corps de Pétain II ? Ou peut-être n'ont-ils – ce serait à peine croyable – rien subi, ni prison ni coups ?

Pour mesurer l'étendue de la dictature sarkozyenne, le seul nom qui me vient à l'esprit est celui – ô combien noble – du général de Gaulle. Dans un livre cinglant, talentueux et excessif qu'il lui consacra[1], François Mitterrand décrit la mésaventure qui arriva à un certain M. Vicari, condamné à 1 000 francs d'amende pour avoir crié « Hou, hou ! » sur le passage de la voiture présidentielle.

Vicari, donc, a crié « hou hou » au général de Gaulle qui remontait les Champs-Elysées, et son « hou hou » a ébranlé les fondements de l'Etat. Pour ce « hou hou », la police l'a inter-

---

1. *Le Coup d'Etat permanent*, Plon, 1964.

pellé, arrêté, questionné, la justice l'a inculpé et condamné.

Sans doute les mauvais esprits qui apprendront son aventure l'absoudront-ils en prétendant qu'il n'y a pas de quoi fouetter un chat ; sans doute les indulgents qualifieront-ils sa brève interjection de déplaisante, au pire d'irrespectueuse, mais les honnêtes gens sauront qu'un pays capable de punir « hou hou » de 1 000 francs d'amende est un pays défendu contre l'anarchie, contre le terrorisme, contre le régicide, bref, contre l'antigaullisme spontané, exclamatif et impudique qui ose se livrer à d'intolérables débordements au beau milieu de la voie publique.

Et Mitterrand d'ajouter :

[...] le jour même où le délinquant Vicari proférait son sinistre « hou hou », et au même endroit, un citoyen de même acabit, d'égal incivisme, de pareille grossièreté se permettait, sans qu'on pût toutefois déceler dans son comportement l'indice d'une complicité avec le premier nommé, ce qui aurait indiscutablement révélé l'existence d'un nouveau complot, de hurler ces trois mots dont la réunion en une phrase constituait, elle aussi, une offense caractérisée au chef de l'Etat : « A la retraite !... »

L'individu incriminé, M. Castaing, fut condamné à 500 francs d'amende.

Je laisse aux résistants d'aujourd'hui le soin d'apprécier s'il vaut mieux, si l'on court plus de risques de résister à Sarkozy plutôt qu'à de Gaulle. Il convient cependant de relever que de « Hou hou » à « Enculé », nous avons assisté à une considérable avancée langagière. Il n'est pas sûr que les peines encourues aient suivi la même progression...

La liste des résistants ne peut être close sans que j'évoque quelques centaines de milliers d'hommes et de femmes, une quantité non négligeable. Au premier rang d'entre eux, les braves cohortes d'enseignants, hussards rougeâtres[1] de l'Education nationale. En masse, ils ont refusé l'oukase de Tsarkozy, qui voulait leur imposer de lire à des enfants innocents et manipulables la lettre de Guy Môquet. Comment auraient-ils pu, sans renier ce qui leur tient lieu de conscience et d'honneur, prendre dans leurs mains un texte qui avait été profané par sa proximité avec un président de la République si haïssable ?

Une mention particulière revient à un résistant qui, pour un journal qu'il édite de temps à autre, a trouvé le titre tout à fait génial de *Sarkophage*. Il s'agit d'un certain Paul Ariès, interviewé par-

---

1. Voir plus haut pages 12 et 13 d'où vient la guenille de la même couleur, tissu fripé et défraîchi qui leur sert de signe de ralliement.

fois par *L'Humanité* et invité sur des plateaux de télé dès que se fait ressentir le besoin de la présence stimulante d'un hurluberlu. L'inventeur du *Sarkophage* déteste le productivisme, mais pas n'importe lequel, le « sarkoproductivisme ». Il soutient que le combat contre l'islamisme n'est qu'un leurre pour dissimuler le véritable et implacable ennemi de l'humanité : l'Eglise de scientologie, soutenue, dit-il, par Coca-Cola et McDo. Il proclame son appartenance aux « décroissants », une secte dont le but est de purifier Gaïa (la déesse Terre) de toutes les souillures de la civilisation industrielle, voire, pour les plus cohérents d'entre eux, de toute présence humaine et prédatrice. Le retour à l'orang-outan constitue la finalité de cette douce utopie. Ce singe, superbe et généreux, ne boit pas de Coca et ne mange pas de hamburgers. Il ne conduit pas de voiture et ne participe donc pas à l'émission de CO_2. Il restreint à zéro sa consommation électrique et économise le papier en ne lisant pas. Et surtout il n'a pas voté Nicolas Sarkozy en 2007.

D'autres résistants ont pris un peu plus de risques que *Sarkophage*. Les jeunes insurgés des banlieues. Les révoltés des « quartiers populaires ». Les crève-la-faim des cités. Ils ont affronté des policiers, et aussi des chauffeurs de bus, avec des pierres, l'arme des pauvres. Ils ont également réussi à se procurer, difficilement, quelques vraies armes (au prix de quels sacrifices financiers ?) et ont tiré à Villiers-le-Bel, à Grenoble et ailleurs. Ils ont surmonté la peur de la prison et ont courageusement accepté d'y revenir et d'y revenir encore. Ils ont parfois – c'est regrettable, mais la colère du peuple, quand elle est grande, est souvent aveugle – rudoyé un peu des colonisateurs français et leurs femmes, provocantes et court-vêtues. Ils sont devenus, pour nombre d'entre vous, les descendants des communards de 1871 !

Et là, l'écœurement me gagne. Votre bêtise furieuse m'oblige à quitter le registre du mépris et de la moquerie. Des insurgés ? « Mais alors où sont leurs Varlin et leurs Delescluze ? » Cette question n'est pas de moi. Elle a été formulée par Thierry Jonquet dans *Ils sont votre épouvante et vous êtes leur crainte*[1]. Pour ses livres il se nourrissait de faits divers réels et arpentait le terrain, banlieues pauvres, banlieues ouvrières, le monde des « éclopés de la vie », et y inscrivait ses récits. C'était ce qu'on aurait appelé naguère un auteur engagé. Il milita à Lutte ouvrière, à la LCR (Ligue communiste révolutionnaire) et à Ras l'Front. De cette expérience il tira un beau texte, *Rouge c'est la vie*. Puis ses pérégrinations l'amenèrent dans d'autres banlieues qui n'étaient

---
1. Le Seuil, 2006.

pas si pauvres que ça et en tout cas pas du tout ouvrières. Il découvrit la barbarie. La haine antijuive, la violence pour le plaisir. Le sang qui jaillit sous les couteaux. Les viols. Et il écrivit *Ils sont votre épouvante et vous êtes leur crainte*.

La télévision va faire de ce livre un film. Je ne doute pas qu'il rejoindra, dans l'enfer que vous avez imaginé, *La Journée de la jupe* : ses pellicules brûleront un jour dans des autodafés révolutionnaires. Quant à la question posée par Jonquet : « Où sont leurs Varlin et leurs Delescluze ? », l'écrivain est mort trop tôt pour connaître la réponse. La voici. Les Varlin et les Delescluze de la canaille s'appellent Karim Boudouda, braqueur multirécidiviste tué par la police, Abderahmane et Adama, condamnés à quinze ans et douze ans de prison pour avoir tiré sur les forces de l'ordre lors des émeutes de Villiers-le-Bel[1]...

---

1. Les SA hitlériens qui se recrutaient chez les chômeurs, les déclassés, les délinquants et les petits commerçants ruinés avaient comme hymne leur *Horst Wessel Lied*. Du nom de Horst Wessel, un des leurs, tué par un communiste. Ce héros des SA était proxénète. Depuis il y a eu en France, et dans ce domaine, quelques échelons gravis.

Chapitre 7

**Où l'on verra, avec joie,
arriver le chevalier blanc
qui terrassera Nicolas Sarkozy**

En des temps anciens quand deux armées ennemies se trouvaient sur un champ de bataille il arrivait parfois que le sort des armes soit tranché par un duel entre les deux chefs. Comme il n'est pas absolument sûr que les révoltés anti-sarkozystes, courageux certes et nombreux, aient le dessus sur les policiers, les gendarmes, les CRS et les soldats au service du chef de l'Etat, cette solution devrait être envisagée. Et l'heureuse issue ne ferait alors aucun doute. D'un côté un petit homme armé d'un croc de boucher. De l'autre un grand homme avec pour seule arme un recueil de poèmes. Nous avons nommé Dominique de Villepin, à qui nul ne peut disputer le titre de premier résistant de France.

Au-delà de toute concurrence, bien au-dessus du grouillement des insurgés, des enseignants en colère, des CRHA, des CVUH, des Sarkophages et de tous les combattants antifascistes plane très haut sa silhouette gracieuse et émouvante. Personne n'est plus ennemi de Sarkozy que lui. Personne n'est plus classieux, plus poète que lui. Il a, lui, la stature d'un président. Il est Mirabeau – la laideur en moins – quand il déclare devant les portes du tribunal où l'on s'apprête à le juger pour l'affaire Clearstream : « Je suis ici par la volonté d'un homme » ! Il est grand, il est beau, et de sa stature il domine – que dis-je ? il écrase – le Nain. Un témoignage irréfutable de cette absolue supériorité est fourni par une bande dessinée intitulée *Quai d'Orsay*. On y découvre un Dominique de Villepin flamboyant, panache au vent, un ouragan intellectuel citant des auteurs grecs et étreignant la planète dans ses bras puissants. Un être capable d'émotion vraie, contrairement à son ennemi qui a vulgairement promis de le pendre « à un croc de boucher ». Qui en effet aurait le cœur assez desséché pour ne pas avoir les yeux embués de larmes en lisant le commentaire fait sur cette BD par l'ancien ministre des Affaires étrangères : « Ça me touche, comme un geste de tendresse me touche[1] » !

Quai d'Orsay s'est d'ailleurs entouré de toutes les garanties possibles de sérieux,

---

1. Le 8 mai 2010 dans le magazine *Casemate*, spécialisé dans la BD.

de sérénité et d'objectivité. Dessinée par Christophe Blain, cette BD a été en effet rédigée par Abel Lanzac, pseudonyme d'un ancien membre du cabinet de Villepin au Quai d'Orsay... Ainsi éclate au grand jour la nullité crasse des Guaino, Guéant et autres porte-plume de Sarkozy, tout à fait infoutus d'égaler le sieur Lanzac et d'écrire une BD à la gloire de leur idole. C'est pourquoi le Nabot continue à être caricaturé dans de multiples BD qui lui sont consacrées, en Napoléon avec des habits trop grands pour sa taille, ou en Joe Dalton, le plus petit, le plus bête et le plus rageux des quatre célèbres frères.

Un mot suffit pour qualifier Dominique de Villepin : grand ! Grandiloquence. Grand théâtre. Grand-guignol. Tout son talent se déploie sur scène. Côté jardin, en représentation politique, il est remarquable. Et côté cour, quand il va en banlieue, il est sublime. En effet, c'est dans le 93 qu'il donne le meilleur de son talent histrionesque. Il y a des hommes qui savent parler aux femmes pour les faire craquer. Lui, et dans cet art, il est unique et incomparable, il sait parler à la banlieue. Et la banlieue se regarde dans le miroir magique qu'il lui tend et se pâme de se voir si belle, si généreuse, si noble et si merveilleusement française. Dominique de Villepin s'avance dans ces lieux avec l'assurance et l'audace qui caractérisent les très, très grands acteurs. A Bondy, des mots flamboyants lui viennent – spontanément, c'est sûr – aux lèvres.

« L'attachement à la République s'exprime ici avec une force considérable ! » « Je salue l'enthousiasme et la formidable vitalité et créativité des banlieues ! » On se pince... Mais non, on ne rêve pas. Moi, si quelqu'un venait vers moi en me disant que je suis beau, plein de vie, créatif, enthousiaste, etc., je me demanderais ce qu'il veut me vendre ou me prendre. Les jeunes de Bondy ne sont pas habités par ma méfiance maladive, ils font au virtuose une standing ovation.

Dans un entretien accordé au Bondy-Blog[1], entretien qu'on suppose relu et corrigé, Dominique de Villepin est à l'apogée de son art. Mais certaines des questions lui disputent cette palme. On lui demande ainsi : « Vous n'excluez pas de vous présenter à l'élection présidentielle de 2012. Pour beaucoup de Français arabo-musulmans, notamment en banlieue, vous êtes l'homme du discours du 14 février 2003 à l'ONU contre l'intervention américaine en Irak. Est-ce que vous comptez mettre à profit, électoralement parlant, cette popularité auprès de ces

---
1. Le 19 janvier 2010.

Français ? » On apprend donc, dans un pays où les statistiques ethniques sont prohibées, qu'il existe une catégorie particulière de Français, les « Français arabo-musulmans ». Avec cette pierre pour commencer, on peut bâtir une accueillante demeure où il y aurait des « Français polono-juifs » (moi et quelques autres), des « Français russo-orthodoxes », des « Français vietnamo-bouddhistes », des « Français catholico-français » (eh oui, il y en a !), des « Français africano-protestants » et, pourquoi pas, des « Français républicano-villepinistes »…

La réponse de Villepin n'est pas mal non plus : « La popularité ou la connaissance, c'est un capital en politique. Mon idée, ce n'est pas de le mettre à profit, c'est de m'appuyer sur des atouts. Le fait d'être né en Afrique du Nord, d'avoir une expérience internationale crée une proximité. Le fait d'avoir pu connaître l'épreuve de la justice[1], c'est aussi une capacité à comprendre des difficultés ou des frustrations. Ce sont autant de passerelles

---

1. Le procès Clearstream. Et un des interviewers, un connaisseur, lui rétorque : « Mais vous n'avez jamais encore été incarcéré… » Nul doute que, lors du procès en appel, le félon Sarkozy fera le nécessaire pour ajouter la case prison aux « atouts » de Dominique de Villepin afin de lui permettre de se sentir encore plus proche de ses futurs électeurs.

et de liens qui font qu'on se sent plus proche. » « Né en Afrique du Nord »... ! Tout le monde n'a pas cette chance. Et c'est mieux, beaucoup mieux que d'être né à Neuilly, de parents nés en Hongrie, l'électorat neuilléen d'origine hongroise étant malheureusement très insignifiant.

Une autre réponse (et aussi la question) donne une très forte idée de l'étendue de la culture de Dominique de Villepin. « Vous aimez la littérature. Est-ce que vous vous intéressez à ce qui s'écrit en banlieue à travers des auteurs comme Faïza Guène, Rachid Djaïdani ou Mehdi Charef ? – Je suis très sensible à ces paroles, et à la poésie. Il y a dans le slam quelques paroles très fortes, qui disent une vérité de la vie en banlieue et qui me touchent. Rien ne me frappe plus que le besoin de création artistique dans les banlieues. » Admirable, époustouflant. L'ancien Premier ministre connaît et aime Faïza Guène, Rachid Djaïdani et Mehdi Charef ! Vous connaissez, vous ? Non, sans doute... Alors vous êtes des nuls, tout comme Nicolas Sarkozy, qui n'a jamais entendu parler de ces poètes et qui, de surcroît, ne veut même pas tourner les pages de *La Princesse de Clèves*.

Puis, feu d'artifice final, on interroge encore M. de Villepin : « Si vous étiez professeur de français, quels auteurs mettriez-vous au programme de littérature ? » On frémit, on attend les noms de Faïza Guène, Rachid Djaïdani, Mehdi Charef. Pas du tout. « Je mettrais des auteurs qui sont susceptibles de me toucher, Céline, par exemple [...]. » Céline... J'imagine, peut-être à tort, qu'à Bondy on s'est précipité sur les ordinateurs pour taper ce nom et qu'on a trouvé *Bagatelles pour un massacre*, un livre suintant de haine antijuive. Il est certes difficile de se le procurer, mais aux âmes intrépides rien n'est impossible. Oui, je sais, Céline est aussi un grand écrivain. Certes. Hitler est aussi l'homme qui donna à l'Allemagne la Volkswagen et des autoroutes. Staline est aussi l'homme qui industrialisa l'URSS. Brasillach est aussi un homme qui maniait joliment la langue française. Pinochet est aussi celui qui redressa l'économie chilienne. Et Landru est aussi... Et Guy Georges est aussi... Et Fofana aime aussi sa maman.

Ceci n'ayant rien à voir avec cela – je vous jure –, j'ai noté que, lors d'une autre visite dans le quartier « sensible » du Val-Fourré à Mantes-la-Jolie, Dominique de Villepin, après avoir épinglé la présence américaine en Irak, n'a pas manqué d'évoquer l'Etat hébreu à propos de l'assaut des commandos israéliens contre un bateau turc et « humanitaire » en route vers

Gaza. « Rien ne saurait justifier une politique de force qui bafoue le droit international. » M. de Villepin a, à lui tout seul, trouvé enfin une solution à la crise des banlieues, une solution à laquelle ni Pasqua, ni Vaillant, ni Sarkozy, ni Hortefeux n'avaient pensé : le retrait des Américains d'Irak et la levée du blocus israélien de Gaza !

Certains estimeront que le grand rival de notre petit président en fait vraiment des tonnes. A les entendre, on pourrait le voir, tel Néron dans *Quo vadis*, slamant, accompagné de sa lyre, les textes de Faïza Guène, Rachid Djaïdani et Mehdi Charef et s'écriant quelques instants avant de trépasser : « Ah, ah ! quel poète meurt avec moi ! » C'est à mes yeux trop pathétique, et je ne souhaite absolument pas à Dominique de Villepin un tel destin. Pour ma part, je l'imagine plutôt jouant un rôle de premier plan dans une délicieuse comédie : *To Be or Not to Be* de Lubitsch. Le film met, entre autres, en scène un acteur de théâtre polonais nommé Joseph Tura, qui tous les soirs – il est mauvais, très mauvais – assassine Shakespeare. Un cabot de génie qui, dès que quelqu'un lui est présenté, s'avance vers lui, le sourire engageant et plein d'espoir : « Connaissez-vous un immense, immense acteur du nom de Joseph Tura ? » Ainsi, tel qu'en lui-même, est l'histrion qui a fait don de sa personne à la France des banlieues : « Connaissez-vous cet immense, immense homme politique nommé Dominique de Villepin ? »

CHAPITRE 8

Où l'on s'apercevra, pour conclure, que nul n'est obligé de tailler une pipe à Nicolas Sarkozy

Tout a une fin. Et, pour finir, il me paraît indispensable de décerner au moins un bon point à M. Sarkozy. Jamais la liberté de parole n'a été aussi décomplexée que sous son règne. Oui, jamais, sauf à vouloir se plonger dans la presse d'extrême droite des années 1930 et dans la presse de chantage de la même époque, un genre auquel la langue allemande avait donné le joli nom de *Revolverblatt*[1]. Jamais des journalistes n'ont mis autant en lumière le discours confus, vulgaire et haineux de leurs lecteurs.

Des esprits chagrins rétorqueront qu'à l'évidence Sarkozy n'y est pour rien et qu'il n'a absolument pas encouragé ce type d'exercice. Que cela s'est fait en dépit de lui. On peut même ajouter que cela s'est fait contre lui. Il

---

1. Littéralement « feuille-revolver », l'équivalent armé de « feuille de chou ».

n'empêche que c'est sous son quinquennat qu'on a vu fleurir les premières pousses de la liberté populacière. Et que c'est de son règne que date cette révolution autorisant enfin les journalistes à appeler un chat un chat, un connard un connard, un enculé un enculé et une salope une salope.

A priori, le journaliste ne mange pas, ou ne croit pas manger, de ce pain-là. Il porte de jolies chaussures, des mocassins de cuir fin, pas des gros sabots faits pour marcher dans le fumier. Il n'a que dédain pour le Net où les lecteurs (qu'il censure, voire interdit totalement de commentaire quand leur boue submerge tout) s'en donnent à cœur joie. Mais le Net, tant décrié, n'est en rien coupable. Il est juste une sonde qui descend très bas dans les profondeurs abyssales de la bassesse humaine et qui permet de mesurer les kilomètres enfouis de l'ignominie. Et le journaliste refuse de voir – il s'en défend d'ailleurs – que très souvent la sonde, comme les forages de British Petroleum au large de la Floride, explose, rejetant une marée délétère dont les boulettes noires viennent s'attacher à ses jolis petits souliers. Consciemment, ou inconsciemment, il néglige de les nettoyer. D'ailleurs le peuple, c'est-à-dire l'équivalent de la plèbe romaine hurlant sur les gradins du Colisée, aime cette boue…

L'acte fondateur de ce tournant historique date d'avril 2007, lors de la campagne présidentielle. Le Moïse, le Mahomet, le Jésus, le Marx, en un mot le prophète, qui porta sur les fonts baptismaux le divin enfant de la nouvelle pugnacité journalistique était un éminent collaborateur du *Figaro Magazine*. Il en avait été poussé dehors pour avoir, selon ses propres mots, refusé de « tailler une pipe à Nicolas Sarkozy ». C'est ainsi qu'il parla sur une radio[1] et c'est ainsi que cela fut écrit sur les sites de plusieurs journaux. En toutes lettres. Pas « t… une pipe » ou « tailler une p… ». Oui, j'avais bien lu et vous lirez aussi « tailler une pipe » ! A ce degré de libre expression il me semble qu'il ne reste plus de Bastille à abattre dans notre beau pays. Bravo donc au journaliste téméraire qui a osé appeler une pipe une pipe… Bravo donc. Mais avec un bémol quand même. Car le journaliste en question a trouvé un job dans un autre journal que le *Figaro Magazine* où on le paie maintenant pour tailler non pas une pipe, mais un costard à M. Sarkozy. Et puis quand on collabore depuis des années au *Figaro Magazine*, on sait où l'on écrit, avec qui on écrit, pour reprendre une vieille expression, d'où on parle… Jouer les vierges révoltées quand on vous demande au *Figaro Magazine* de « tailler une pipe à Nicolas Sarkozy » c'est à peu près aussi crédible que

---

[1]. RTL, « On refait le monde », le 17 avril 2007.

d'aller bosser dans un salon de massage thaïlandais et d'appeler la brigade des mœurs parce que les clients vous demandent quelques bricoles... Mais il serait mesquin de pinailler un prophète. L'essentiel est que sa phrase marque une date décisive dans l'histoire de la presse française. Il y aura dorénavant un avant et un après ce libérateur « tailler une pipe à Nicolas Sarkozy ».

Pourtant cet événement, curieusement, ne fit quasiment aucun bruit. Pas une ligne, pas un mot. Mon mérite s'en trouve d'ailleurs grandi. En revanche, il y a eu une bourrasque, un cyclone, quand parut dans la rubrique dite des « confidentiels » du *Nouvel Observateur*, journal respectable et respecté, une information brève disant en substance que Nicolas Sarkozy, la veille de son mariage avec Carla Bruni, avait envoyé à Cécilia, qui l'avait plaqué, le SMS suivant : « Si tu reviens j'annule tout. » La presse en parla, l'Elysée tempêta, *Le Nouvel Observateur* s'excusa. Et on se demanda, la stupéfaction le disputant à l'incrédulité, comment un chef de service, des rédacteurs en chef, un directeur de la rédaction avaient pu laisser passer ça... Alors que la réponse était d'une simplicité nue : c'était dans l'air du temps, qui voulait qu'on ne s'embarrasse pas de précautions avec M. Sarkozy. Personne ne s'interrogea sur le fait de savoir ce qu'avait dans la tête le journaliste détenteur de cette information vraie ou fausse (peu importe au demeurant) pour ne pas la jeter immédiatement à la poubelle. Ainsi, s'agissant de Sarkozy, le journalisme de caniveau était enfin légitimé en France. Et c'est l'Angleterre qui avait servi de modèle en traversant la Manche avec comme étendard ce délicat dialogue téléphonique, dûment enregistré et publié dans des journaux à grand tirage, entre le prince Charles et Camilla Parker Bowles, sa maîtresse : « Si je meurs et que je doive être réincarné, je voudrais être ton tampon ! » Rien à voir avec la publication du litigieux SMS de Nicolas Sarkozy ? Si, bien sûr. La même démarche, la même « éthique » !

Il y a de cela quelques années, du temps de François Mitterrand (ce n'est quand même pas si vieux), les promeneurs de la place des Vosges pouvaient voir un personnage agité qui interpellait tous ceux qu'il connaissait (et il en connaissait beaucoup) et que tous ceux qui le connaissaient (et il était très connu) venaient saluer. Il s'appelait Jean-Edern Hallier, dirigeait *L'Idiot international*, et ses livres et ses provocations lui avaient valu une intéressante célébrité. Le personnage tenait à la main un manuscrit relié. Aucun éditeur n'en voulait et pourtant il y avait là de quoi assurer des tirages faramineux. Aucun journaliste, de gauche comme de droite, ne souhaitait en parler.

Et Jean-Edern Hallier se lamentait sur la censure et l'omerta dont il était victime. Son livre, enfin son manuscrit plutôt, racontait l'histoire d'une petite fille nommée Mazarine. Et comme elle était la fille cachée de François Mitterrand, il y avait de quoi casser la baraque. Personne, même avec des pincettes, ne se saisissait de ces pages. Avait-on peur du capitaine Barril, de la cellule élyséenne, des coups tordus de François de Grossouvre ? Mais non ! Simplement cela ne se faisait pas. Juste par décence. Il ne se faisait pas en France de publier l'équivalent du « tampon » de Camilla Parker Bowles. Tout comme on n'aurait même pas laissé sortir d'une banale conversation de bistrot entre professionnels le SMS, ou soi-disant SMS, paru dans *Le Nouvel Observateur*. C'était du temps de Mitterrand. Des siècles...

Du temps de Sarkozy, c'est permis. Il est permis à un célèbre et tout à fait sympathique (c'est sans ironie aucune) animateur de la télévision et de la radio d'interviewer Carla Bruni-Sarkozy et de lui demander, très galamment, si elle aurait épousé son président de mari si celui-ci n'était pas devenu chef d'Etat. Quand le vent de l'infamie souffle très fort, même les arbres les plus sains y laissent des feuilles. Ce qui fut le cas aussi de l'interviewée, sans doute beaucoup trop habituée à ce qui se dit et s'écrit sur son couple, qui n'a pas flanqué une paire de baffes à l'interviewer.

Il est permis à un humoriste, ou plutôt il se le permet, de se gausser du « petit périnée » de Nicolas Sarkozy et, dans la même logique anatomique, de lancer, en lieu et place de Dominique de Villepin, un « j'encule Sarkozy ! ». Un de ses collègues officiant sur la même radio, et inspiré par la même veine, s'en était un jour pris à Eric Besson (tout aussi haïssable, sinon plus, que Sarkozy) qui, disait-il, avait mis dans son lit une jeune Arabe sans lui demander si elle avait ses papiers... Et il avait frappé encore plus fort au lendemain du crash aérien de Smolensk où trouvèrent la mort le président Kaczynski et tout le gratin politico-militaire de la Pologne. Ainsi, il avait imaginé (ah, ah, ah... en se tordant de rire...) que dans ledit avion avaient pris place non pas des Polonais (rien à foutre) mais Sarkozy et toutes sortes de Besson, Hortefeux, Estrosi, etc. Et il en avait profité pour décrire Carla Bruni-Sarkozy en veuve éplorée, si joliment habillée, attendant la dépouille de son mari.

Certains jugèrent que les bornes étaient dépassées. Et les deux humoristes furent sanctionnés. Alors on protesta contre ces censeurs, ces fascistes, ces assassins de la liberté d'expression. C'était, hurla-t-on, de l'humour et rien que de l'humour. Dès lors, tous les humoristes de France et de Navarre brandirent le permis de tout dire : nous ne sommes pas des journalistes !

Et tous les journalistes se protégèrent, invoquant la rigoureuse déontologie de leur métier : nous ne sommes pas des humoristes ! Il y a effectivement certaines différences entre ces deux professions, la plus notoire étant que les uns ne sont pas du tout payés comme les autres. Sur un graphique des sommes empochées où il y aurait en bas les revenus des journalistes et en haut ceux des footballeurs, c'est plus près de ces derniers que se situeraient les humoristes. Ce qui met le ricanement, l'insulte et, parfois, le crachat au prix d'un tableau de maître. Différences donc. Mais dans la même tranche horaire, et c'est la seule chose qui compte vraiment, les mêmes millions d'auditeurs...

Journalistes... On ne voit pas à quel titre cette profession jouirait d'un statut particulier. Elle n'est ni meilleure ni pire, ni plus ni moins honorable qu'une autre. Il y a des journaux généralistes de qualité, des journaux pornographiques, des journaux qui se spécialisent dans des histoires aussi évocatrices que celle du prince Charles et de Camilla, des journaux boursiers, des journaux pour homosexuels, des journaux pour hommes, des journaux pour femmes, des journaux pour enfants, des journaux débiles, des journaux glauques. Tous ceux qui y collaborent sont journalistes. Et ces derniers, quand ils fautent, mentent ou affabulent, ne sont pas plus ou sont tout autant condamnables qu'un garagiste qui fourgue des pneus usagés à son client, qu'un notaire escroc, qu'un avocat véreux, qu'un homme politique corrompu ou qu'un boucher vendant de la viande avariée.

C'est peut-être pour cela qu'un jour j'ai eu le regard attiré par un énorme bandeau qui barrait le bas de la Une de *Marianne*. C'est un journal que j'achète de plus en plus rarement, car ses couvertures – Sarkozy, encore Sarkozy, toujours Sarkozy – m'ennuient profondément. Mais cette fois-ci le titre était alléchant : « Ces journalistes aux ordres qui déshonorent la profession ». Et je n'eus pas à regretter mes 2,50 euros. Tel Jupiter dans son Olympe, Jean-François Kahn tonnait contre ces journalistes poutinisés, brejnevisés, KGBisés. Ces « chiens couchants » qui avaient relayé, et parfois amplifié, les indignations de l'UMP et de quelques ministres quand Martine Aubry avait rapproché les noms de Sarkozy et de Madoff. Elle avait dit quelque chose du genre : Sarkozy est aux déficits ce que Madoff est à l'escroquerie. Pour moi (et sur ce point je suis de l'avis de Kahn) il n'y avait pas là de quoi fouetter un chat, ni même la Mère Fouettarde[1]. Mais, emporté par sa jupitérienne colère, l'excellent

---

1. C'est ainsi que Jean-François Kahn appelle Martine Aubry.

chroniqueur ne parvint pas à s'arrêter en si bon chemin. Se livrant à un intéressant exercice sur ce qu'était une vanne, il en proposa plusieurs dont une retint mon attention. « Si je dis qu'Etienne Mougeotte[1] est à Nicolas Sarkozy ce que la vessie est à l'incontinent », c'est une vanne ! On a connu plus élégant... Et Kahn de préciser que, ce faisant, il avait comparé le président de la République à un incontinent mais pas Mougeotte à une vessie.

J'ai essayé, comme lui, et à sa façon, de faire moi aussi des vannes, sans réussir – je le crains – à l'égaliser. Si j'écris : « Netanyahou est aux Palestiniens ce qu'Hitler était aux Juifs »... Si j'écris : « Jean-François Kahn est au journalisme ce que la prison de la Santé est à la liberté »... Si j'écris : « Olivier Besancenot est à l'intelligence ce qu'un aboiement de chien est aux trilles d'un rossignol »... Si j'écris : « Demander à Roland Dumas (qui veut envoyer des Brigades Internationales libérer Gaza) de respecter un peu la mémoire des défenseurs de Madrid, c'est comme exiger de son ami Dieudonné de ne pas cracher sur les déportés juifs »... Ce sont des vannes ? Et à suivre les raisonnements spécieux de Jean-François Kahn, je n'aurais bien sûr pas comparé le Premier ministre israélien à Hitler,

---

1. Directeur du *Figaro Magazine*.

le fondateur de *Marianne* à un gardien de prison, le chef du Nouveau Parti anticapitaliste (NPA) à un chien, ni accusé Dumas de cracher sur les déportés juifs…

Par ailleurs, je reviens un peu en arrière, Kahn est trop fin pour ignorer que Madoff, ça ne sonne pas très américain de souche, que son nom ne fait assurément pas de lui un descendant des passagers du *Mayflower*. Madoff, ça renvoie à Stavisky, à Joanovici et d'autres aventuriers de la finance en « itch », en « off », en « stein ». Leurs traces d'origine se perdent dans les Carpates et au-delà, en Pologne, en Russie. L'escroc dont parlait Martine Aubry se fût-il appelé bêtement Jones, jamais on n'aurait assisté chez nous à une telle levée, furieuse et indignée, de boucliers. On a pu constater la même chose s'agissant de Polanski, qui a eu la malchance de grandir dans le ghetto de Cracovie et non pas dans un ranch de l'Arizona…

Voulant en avoir pour mes 2,50 euros, j'ai continué à parcourir *Marianne* et j'ai lu ceci à propos de François Bayrou, un homme qui « vaut encore plus de 10 points dans les dernières enquêtes d'opinion » ! « Les Français ne l'ont pas lâché » ! Ils se souviennent de sa voix, « isolée certes mais prophétique », « de sa fierté irréductible » ! Il parle à Sarkozy, « auquel tout continue à l'opposer » (qu'ont-ils donc à se dire ?), mais aussi à Aubry et à Daniel Cohn-Bendit ! De cette lecture on peut aisément déduire que nous sommes dans un journal où l'on refuse de « tailler une pipe »… mais pas à tout le monde !

Il est temps maintenant de me dégager de la vulgarité, de la grossièreté et de la haine dont il a été question dans ce livre. Si, ce qu'à la République ne plaise, seuls les membres de la conjuration des imbéciles, présents dans ces pages, avaient le droit de voter, on pourrait anticiper aisément sur qui serait le prochain président de la République. Un homme (une femme, question de langage, ça paraît difficile) qui dirait que « les dirigeants occidentaux sont au grand capital ce que la vessie est à l'incontinent ». Un homme qui « ch… » (là je mets des pointillés, n'ayant trouvé que l'implicite de cette forte pensée) sur les curés, les pasteurs, les papes, les rabbins, les bonzes, et sur eux seulement. Un homme qui, fièrement, refuserait de « tailler une pipe » aux maîtres des marchés et de la mondialisation. Un homme qui « enculerait » les impérialistes, les sionistes et les colonialistes. Oh oui, viens, président tant désiré ! Son portrait dit assez bien ce que vous êtes. Tels que vous vous êtes dessinés vous-mêmes.

Vous êtes nombreux et – qui sait ? – vous parviendrez peut-être un jour à débarrasser la France de l'homme que vous haïssez le plus au monde. Enfin disparaîtra de la scène politique le vampire profanateur de cimetières, l'imposteur au contact duquel on risque d'être souillé ou sali. Vous, vous resterez. Car vous êtes increvables, la bêtise étant immortelle. Vous continuerez à hurler jusqu'à la mort et vous trouverez sans peine un produit de substitution à haïr, moins parfait certes que Nicolas Sarkozy…

Vous continuerez à souiller (je me suis décidé à vous emprunter exceptionnellement ce mot) la couleur rouge que j'ai naguère tant aimée. Vous continuerez à dénaturer les rares mots beaux que vous connaissez. Et on vous entendra, chœur puissant et terrifiant de milliers de Big Brothers, répéter que la paix c'est la guerre, que la liberté c'est l'esclavage, l'amour c'est la haine, que la vie c'est la mort, que l'humanité c'est l'inhumanité, qu'« Arbeit macht frei ».

Et sur les portes de la nuit que vous annoncez, il y aura l'inscription : « Vous qui entrez ici, abandonnez tout espoir. » Vous resterez donc. Moi aussi. Mais ne me touchez pas, vous me saliriez…

Remerciements

Mes remerciements vont à Victor Klemperer, qui survécut sous Hitler car sa femme était aryenne. Un jour de 1940 à Dresde, il se rendit au cinéma avec un ami chrétien pour voir *Le Juif Süss*, le fleuron le plus abominable du cinéma antisémite nazi. En sortant de la salle, son ami, ébranlé, dit à Klemperer : « Vous avez quand même dû faire beaucoup de mal pour qu'on vous haïsse autant ! » Sans cette dernière phrase, je n'aurais jamais écrit ce livre.

TABLE

Avant-propos 9
À lire avant usage 15

1. Où l'on découvrira de quoi Nicolas Sarkozy est révélateur 17
2. Où l'on verra pourquoi Nicolas Sarkozy est innommable 37
3. Où l'on verra que la famille de Sarkozy ne vaut guère mieux que lui 53
4. Où l'on verra pourquoi Nicolas Sarkozy ne fait pas, vraiment pas, président 71
5. Où l'on apprendra que Nicolas Sarkozy fait aussi de la politique 83
6. Où l'on découvrira l'héroïsme de ceux qui résistent à Nicolas Sarkozy 95
7. Où l'on verra, avec joie, arriver le chevalier blanc qui terrassera Nicolas Sarkozy 109
8. Où l'on s'apercevra, pour conclure, que nul n'est obligé de tailler une pipe à Nicolas Sarkozy 119

Remerciements 133

www.ingramcontent.com/pod-product-compliance
Lightning Source LLC
Chambersburg PA
CBHW051944160426
43198CB00013B/2297